일본어초보자를 위한 인터넷 일본어 Tip

이 용 미 · 남 득 현
공저

제이앤씨
Publishing Corporation

일본어 학습자의 수는 해를 거듭할수록 늘어가고 있는 추세입니다. 한국에서 뿐만 아니라, 전 세계적인 추세가 그러하며, 그렇기 때문에, 일본어나 일본문화에 관련된 수많은 서적이 출간되고 있고, 인터넷을 통해서도 일본에 관련된 헤아릴 수 없는 정보들을 공유할 수 있습니다.

그러나 일본어를 이해하는 인구수는 늘었어도 이해하고 있는 일본어를 인터넷상이나 한글프로그램 등에서 어떻게 활용하면 좋을지에 대해서 숙지하고 있는 학습자는 그리 많아 보이지 않습니다. 특히, 일본어 초보자의 경우에는 더더욱 그러하겠지요. 이러한 문제점을 조금이라도 개선하기 위해서 본 교재를 기획하게 되었습니다.

본 교재는 총 11과로 구성되어 있습니다. 한글과 Word프로그램에서 일본어를 입력하는 방법과 일본어 입력과 관련된 팁을 알기 쉽게 설명하였습니다. 그리고 인터넷상에서 일본어를 입력하는 방법과 일본어를 통한 검색 방법 등에 대해서도 실제 화면을 제시하여 상세하게 설명함으로써 일본어 초보자도 쉽게 이해할 수 있도록 배려하였습니다. 또한, 일본과 관련된 11개의 칼럼을 각과에 수록하여 일본인과 일본 문화에 대한 이해를 돕고자 하였습니다.

초급 일본어 학습과 병행하여 <일본어 초보자를 위한 인터넷 일본어 Tip>을 충분히 활용한다면, 일본어 학습의 능률도 높아질 뿐만 아니라, 일본인과 일본문화에 대한 이해의 폭을 넓힐 수 있을 것으로 확신하고 있습니다. 아무쪼록, 본 교재가 일본어를 학습하려는 여러분들의 조력자가 될 수 있게 되기를 기원합니다.

2007년 4월 저자 일동

01

일본어 문자 익히기

일본어 문자 가나(かな)는 한자의 초서체를 간략화 하
거나 한자 자획의 일부를 사용해서 만들어진 것이다.
전자에서 유래된 것이 히라가나(ひらがな)이며, 후자에
서 유래된 것이 가타카나(カタカナ)이다.

일본어의 문자는 크게 히라가나와 가타카나, 그리고 한자로 구성이 된다. 여기에 로마자와 숫자가 병행되어 사용되고 있으며, 히라가나는 조사나 의성어·의태어, 그리고 일부 고유어를 제외하고는 한자로 변환시켜 사용되는 것이 일반적이다.

▪ 예 : あか(赤), あお(青), くろ(黒)

■ ひらがな – 청음·요음 – ■

↓行(행)				
a	ka	sa	ta	na
あ	か	さ	た	な
i	ki	shi	chi	ni
い	き	し	ち	に
	kya	sha	cha	nya
	きゃ	しゃ	ちゃ	にゃ
	kyu	shu	chu	nyu
	きゅ	しゅ	ちゅ	にゅ
	kyo	sho	cho	nyo
	きょ	しょ	ちょ	にょ
u	ku	su	tsu	nu
う	く	す	つ	ぬ
e	ke	se	te	ne
え	け	せ	て	ね
o	ko	so	to	no
お	こ	そ	と	の

→段(단)

↓行(행)				
ha	ma	ya		wa
は	ま	や	ら	わ
hi	mi		ri	
ひ	み		り	
hya	mya		rya	
ひゃ	みゃ		りゃ	
hyu	myu		ryu	
ひゅ	みゅ		りゅ	
hyo	myo		ryo	
ひょ	みょ		りょ	
hu	mu	yu	ru	
ふ	む	ゆ	る	
he	me		re	
へ	め		れ	
ho	mo	yo	ro	wo
ほ	も	よ	ろ	を

→段(단)

N
ん

가타카나는 외래어 표기나 일부 의성어와 의태어, 그리고 강조표현 등에 사용된다. 「ー」 표시는 장음(長音)을 의미하므로 한 박자 길게 발음하면 된다.

- 예 : このアパートは古(ふる)い。(외래어), このハナはとても高(たか)い。(강조표현)

■ カタカナ − 청음·요음 − ■

	↓行(행)				
a	ka	sa	ta	na	
ア	カ	サ	タ	ナ	
i	ki	shi	chi	ni	
イ	キ	シ	チ	ニ	
	kya	sha	cha	nya	
	キャ	シャ	チャ	ニャ	
	kyu	shu	chu	nyu	
	キュ	シュ	チュ	ニュ	
	kyo	sho	cho	nyo	
	キョ	ショ	チョ	ニョ	
u	ku	su	tsu	nu	
ウ	ク	ス	ツ	ヌ	
e	ke	se	te	ne	
エ	ケ	セ	テ	ネ	
o	ko	so	to	no	
オ	コ	ソ	ト	ノ	

(→段(단))

	↓行(행)				
ha	ma	ya	ri	wa	
ハ	マ	ヤ	ラ	ワ	
hi	mi		ri		
ヒ	ミ		リ		
hya	mya		rya		
ヒャ	ミャ		リャ		
hyu	myu		ryu		
ヒュ	ミュ		リュ		
hyo	myo		ryo		
ヒョ	ミョ		リョ		
hu	mu	yu	ru		
フ	ム	ユ	ル		
he	me		re		
ヘ	メ		レ		
ho	mo	yo	ro	wo	
ホ	モ	ヨ	ロ	ヲ	

(→段(단))

N
ン

　히라가나와 가타카나는 글자의 형태는 다르지만 그 발음은 46개로 동일하다. 이 46개의 발음에 탁음과 반탁음, 그리고 우리말의 받침과 같은 구실을 하는 촉음과, 이중모음인 「ㅑ」「ㅠ」「ㅛ」의 구실을 하는 요음이 추가되어 일본어 가나의 문자체계를 구성학 있다고 보면 된다.

▪ 예 : がっこう(히라가나 탁음, 촉음), ダイエット(가타카나 탁음, 촉음)

■ ひらがな ■
– 탁음 · 반탁음 · 촉음 · 요음 –

↓行(행)				
ga	za	da	ba	pa
が	ざ	だ	ば	ぱ
gi	zi	zi	bi	pi
ぎ	じ	ぢ	び	ぴ
gya	zya	zya	bya	pya
ぎゃ	じゃ	ぢゃ	びゃ	ぴゃ
gyu	zyu	zyu	byu	pyu
ぎゅ	じゅ	ぢゅ	びゅ	ぴゅ
gyo	zyo	zyo	byo	pyo
ぎょ	じょ	ぢょ	びょ	ぴょ
gu	zu	zu	bu	pu
ぐ	ず	づ	ぶ	ぷ
ge	ze	de	be	pe
げ	ぜ	で	べ	ぺ
go	zo	do	bo	po
ご	ぞ	ど	ぼ	ぽ

→段(단)

촉음
ッ

■ カタカナ ■
– 탁음 · 반탁음 · 촉음 · 요음 –

↓行(행)				
ga	za	da	ba	pa
ガ	ザ	ダ	バ	パ
gi	zi	zi	bi	pi
ギ	ジ	ヂ	ビ	ピ
gya	zya	zya	bya	pya
ギャ	ジャ	ヂャ	ビャ	ピャ
gyu	zyu	zyu	byu	pyu
ギュ	ジュ	ヂュ	ビュ	ピュ
gyo	zyo	zyo	byo	pyo
ギョ	ジョ	ヂョ	ビョ	ピョ
gu	zu	zu	bu	pu
グ	ズ	ヅ	ブ	プ
ge	ze	de	be	pe
ゲ	ゼ	デ	ベ	ペ
go	zo	do	bo	po
ゴ	ゾ	ド	ボ	ポ

→段(단)

촉음
っ

Japan 칼럼

2006년도 대표 한자 「命(명)」

　일본 한자능력검정협회에서는 해마다 12월 12일, 한자의 날을 맞아하여 그 해를 대표하는 한자를 발표합니다. 2006년에는 「명(命)」이 선정되었는데 그 이유는 다음과 같습니다.

　먼저 2006년은 일본 황실에서 약 40년 만에 왕자가 탄생되어 전국이 축제 분위기에 휩싸인 한 해였습니다. 그 반면, 주변의 따돌림 등으로 인해 어린이의 자살 및 생활고를 비관한 고령자들의 자살이 연달아 일어난 한해이기도 하였습니다. 또한 음주운전에 의한 교통사고, 학대로 인한 살인 사건, 태풍으로 인한 자연재해 등으로 인한 죽음 등, 가슴 아픈 사건 사고가 유난히 많았던 한 해였기에 「명(命)」이 시사 하는 바가 많다고 할 수 있습니다.

　참고로 2005년에는 「애(愛)」, 태풍, 지진, 호우 등의 자연재해가 많았던 2004년에는 「재(災)」, 북한에 납치된 일본인의 귀향과 일본 경제가 서서히 회복 조짐을 보이던 2002년에는 「귀(帰)」, 미국 동시다발 테러 사건이 일어난 2001년에는 「전(戰)」이 각각 그해를 대표하는 한자로 선정되기도 하였습니다.

02

일본어 자판 배열 익히기

일본어를 입력하는 방식은 로마자 입력 방법과 가나 입력 방법이 있다. 로마자 입력 방법이 널리 사용되고 있지만, 가나 입력 방식은 키보드에 고정되어 있는 일본어 가나를 클릭 하는 것만으로도 일본어 입력이 가능하기 때문에 키보드의 위치를 잘 암기해 두면 신속한 일본어 입력이 가능한 장점을 가지고 있다.

한국에서 컴퓨터를 사용해서 일본어를 입력하기 위한 방법으로는 일본어음을 로마자로 입력한 후에 히라가나나 한자로 변환시키는 방법이 있다. 그러나 한국어 입력법인 두벌식이나 세벌식과 같이 가나를 직접 입력하는 방법도 있으므로 필요에 따라서는 아래 그림과 같이 키보드 상에 고정되어 있는 일본어 가나의 위치를 익혀두는 것도 좋을 것이다.

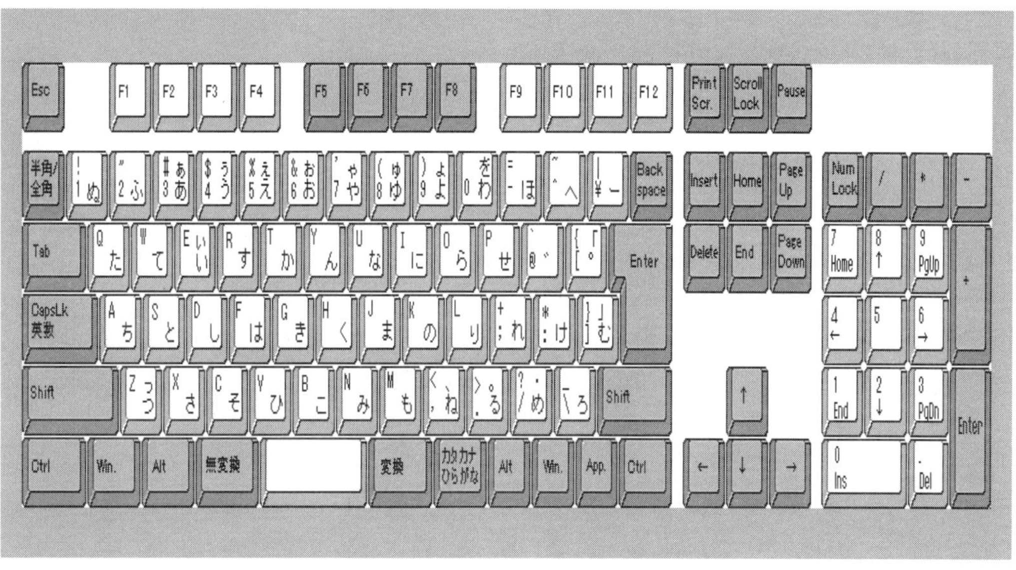

일본어 키보드로 로마자 입력 방법이 아닌 가나 직접입력 방법으로 「東京(とうきょ
う)」를 입력하려면, 먼저 「S」 「4」 「G」를 차례로 누른 후, Shift 와 「9」를 누르고 다시
「4」를 누르면 된다. 이렇게 입력하면 「とうきょう」라고 입력이 된다. 입력된 가나를 확정
시키기 위해서는 Enter를 클릭하고, 한자로 변환시키고자 한다면 Space 를 클릭해서 원하
는 한자를 선택한 후에, Enter를 클릭하면 된다. 「や, ゆ, よ」를 작게 표기해서 사용하는
요음과 「つ」를 작게 표기하는 촉음 「っ」는 각각 Space와 「7」 「8」 「9」 「Z」를 동시에
클릭해야 하기 때문에 주의할 필요가 있다.

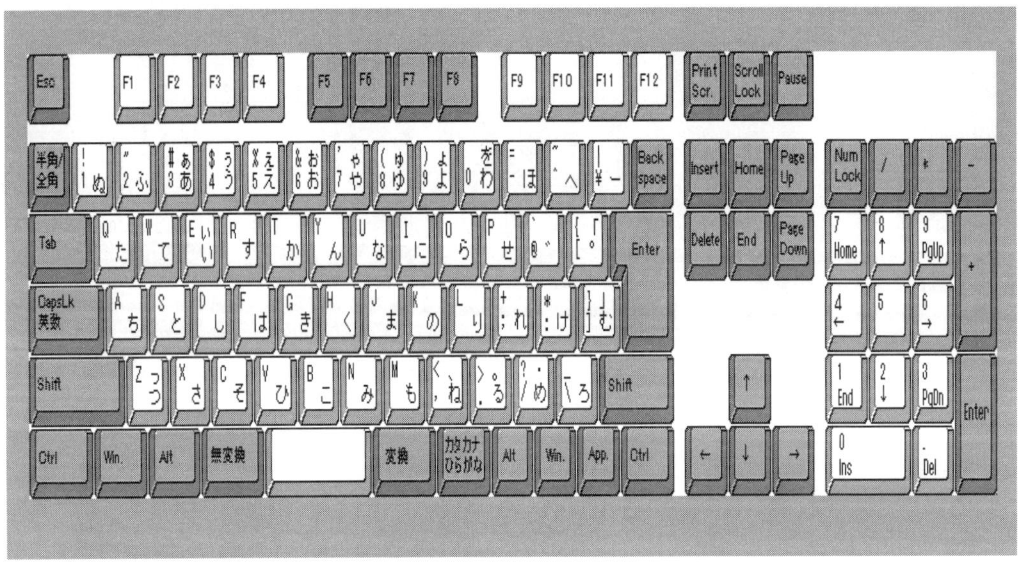

Japan 칼럼

「십팔번」의 유래

　「두만강 푸른 물에 노젓는 뱃사공~내 아버지 레퍼토리 그중에 십팔번」이라는 노래 가사가 있지요. 그런데 애창곡을 왜 하필이면 십팔번이라고 하는 걸까요? 이 단어는 일본의 전통 연극인 가부키(歌舞伎:かぶき)에서 생겨난 말입니다. 1603년, 교토(京都:きょうと)에서 처음 탄생한 가부키는 발전을 거듭하여 오늘날에는 일본을 대표하는 연극으로서 세계적으로도 널리 알려져 있으며 몇 대에 걸쳐 집안대대로 이어 내려오는 가업으로 연기를 전수받습니다. 따라서 관객들은 아무개 역할은 이치가와(市川:いちかわ) 가문의 9대손이 제격이지, 혹은 나카무라(中村:なかむら) 가문의 10대손이 최고야 하는 식으로 가부키 연기자들을 높이 사고 있고, 연기자들 역시 상당한 자부심을 갖고 있습니다.

　십팔번이라는 말은 근대에 생겨난 말로 원래는 유명한 가부키 연기자 가문인 이치가와(市川:いちかわ) 집안의 자신 있는 연극 레퍼토리를 일컫는 것이었습니다. 당시 실제로 연극 레퍼토리는 18종류가 아니라 32종류였다고 합니다만, 어찌되었든 여기에서 유래하여 「십팔번」하면 자신 있는 재주, 내세울만한 기예를 의미하게 된 것이지요. 만약 「일본인에게 당신의 십팔번은 뭐예요?」라고 물어보고 싶을 때는 「あなたの おはこは 何ですか。」 혹은 십팔번의 의미 그대로 「あなたの 十八番(じゅうはちばん)は 何ですか。」라고 하면 됩니다.

MEMO
NOTE

03

한글프로그램에서 일본어 입력하기

한글 프로그램에서는 일본어를 입력하기 위해서 입력언어를 별도로 추가하지 않아도 된다. Word나 인터넷상에서 일본어를 입력하는 것보다 간단하지만 한글프로그램으로 입력한 일본어를 복사해서 Word난 인터넷상에 붙여넣기를 하게 될 경우 일본어가 깨지게 되므로 주의할 필요가 있다.

한글프로그램을 실행시킨 후, **Shift** 와 **Space**를 동시에 누르면 아래 그림과 같이 입력도구모음이 에서 으로 변환되며 일본어 입력이 가능해진다.

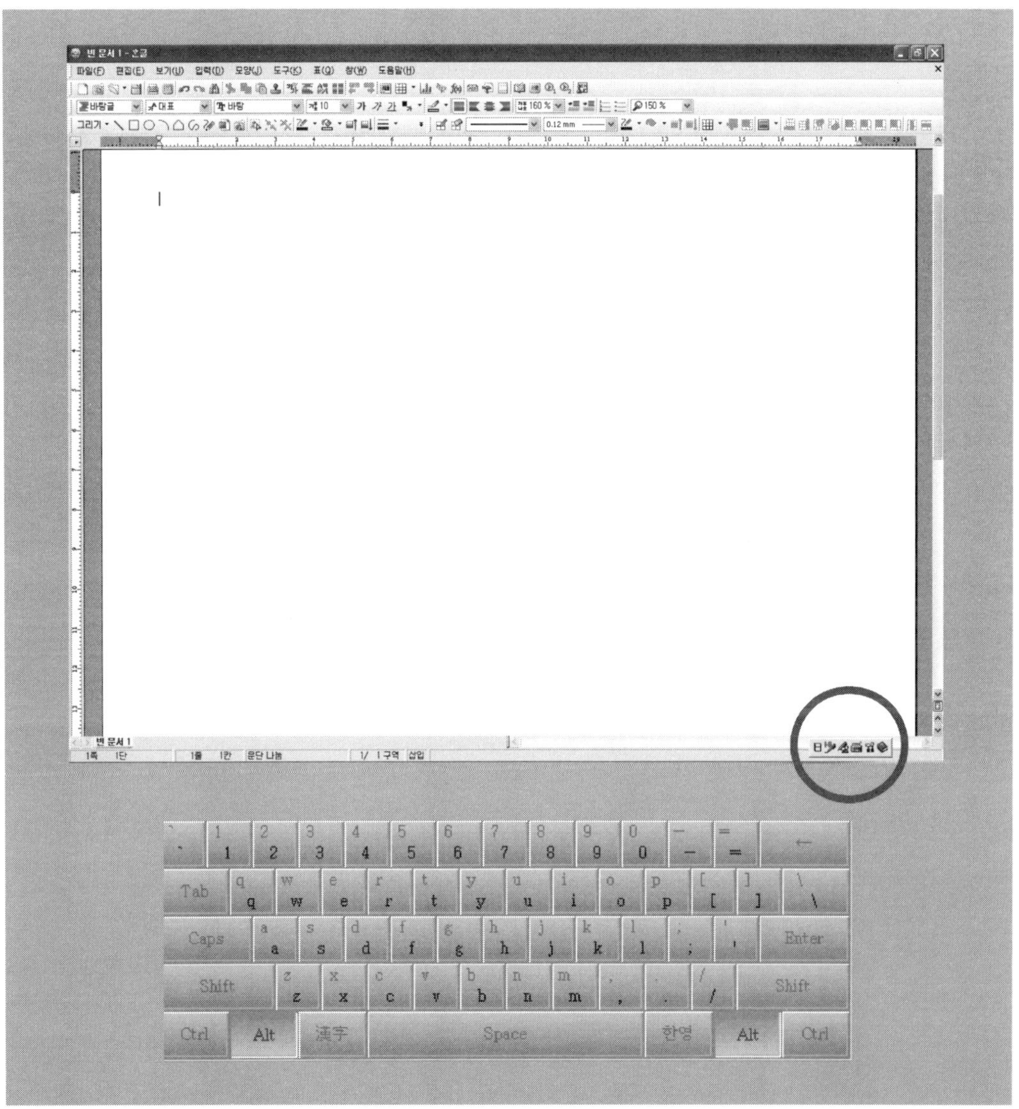

일본어를 입력하는 방법은 로마자 발음대로 입력하면 되므로, 따로 일본어 키보드가 없어도 된다. 따라서 키보드 자판의 로마자 a를 누르면 화면에 「あ」가 입력되며, k와 a를 누르면 「か」가 입력된다. 이 때, Enter 를 누르면 「あか」라는 일본어가 확정되어 글자 아래의 점선이 사라지게 된다.

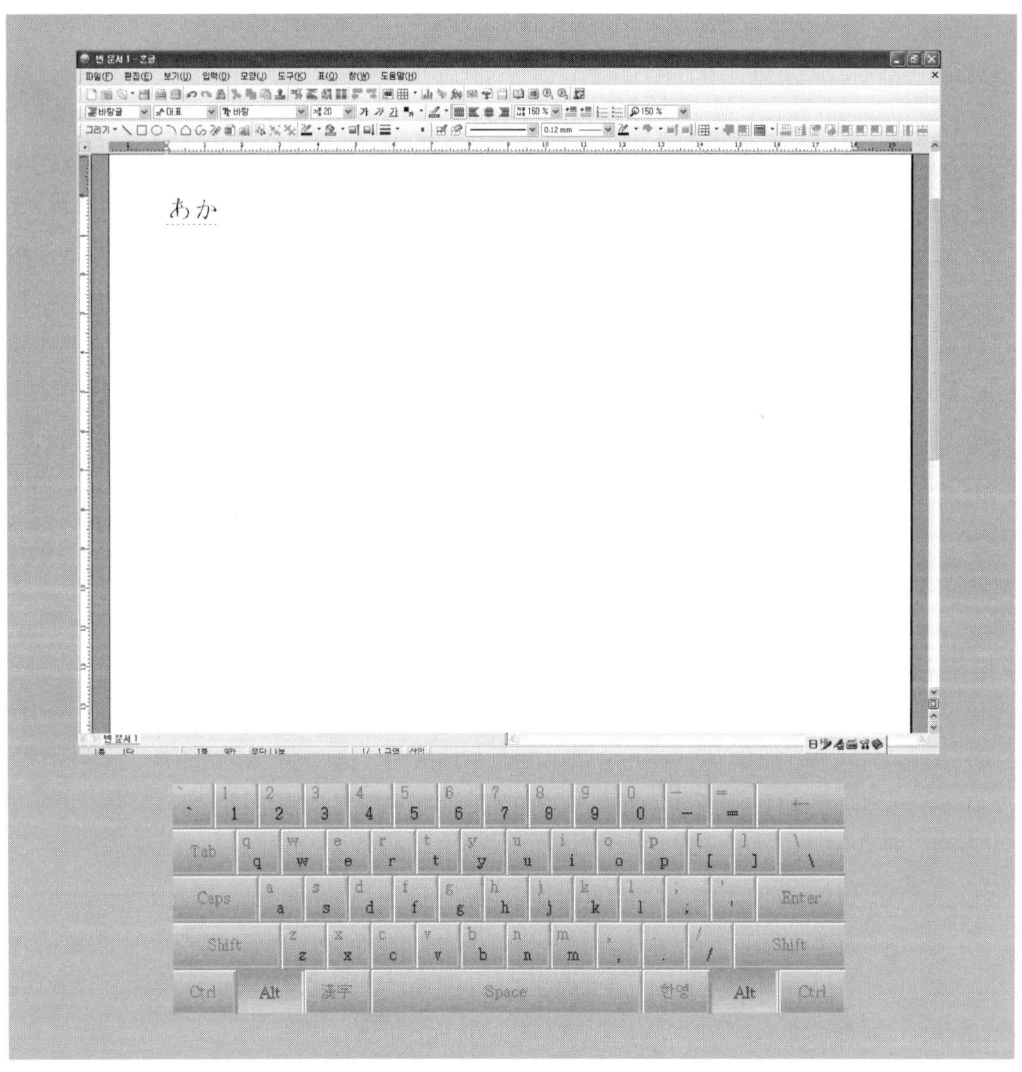

입력된 「あか」를 확정하지 않고 히라가나가 아닌 한자로 변환시키고자 할 경우에는 Enter를 바로 누르지 말고 Spacebar 를 눌러 원하는 한자를 선택한 후에 Enter 를 눌러 글자를 확정하면 된다.

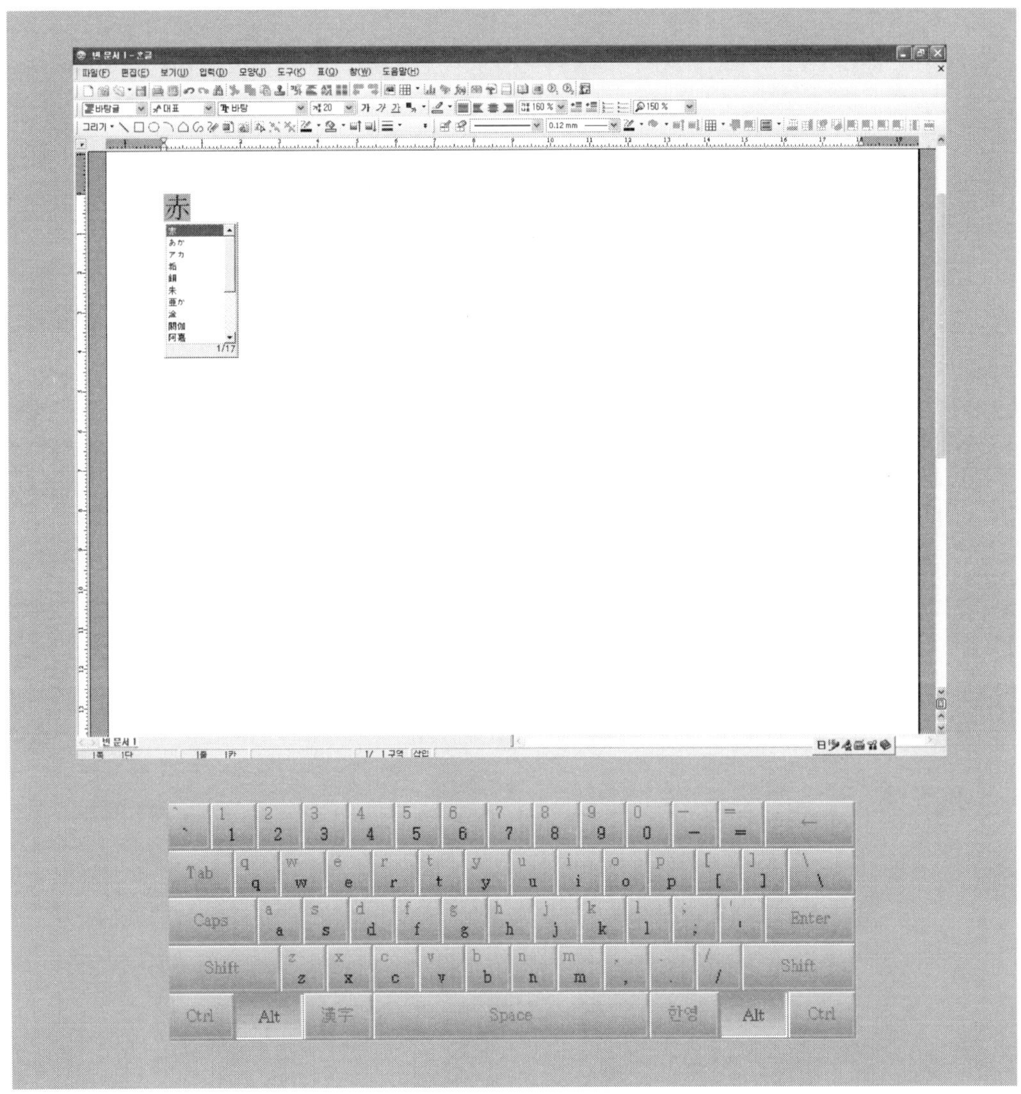

일본어 입력에서 다시 한국어 입력으로 전환하고자 할 경우에는 키보드 자판의 한/영 버튼을 누르면 된다. 입력도구모음이 한국어 입력 상태로 바뀌게 된다.

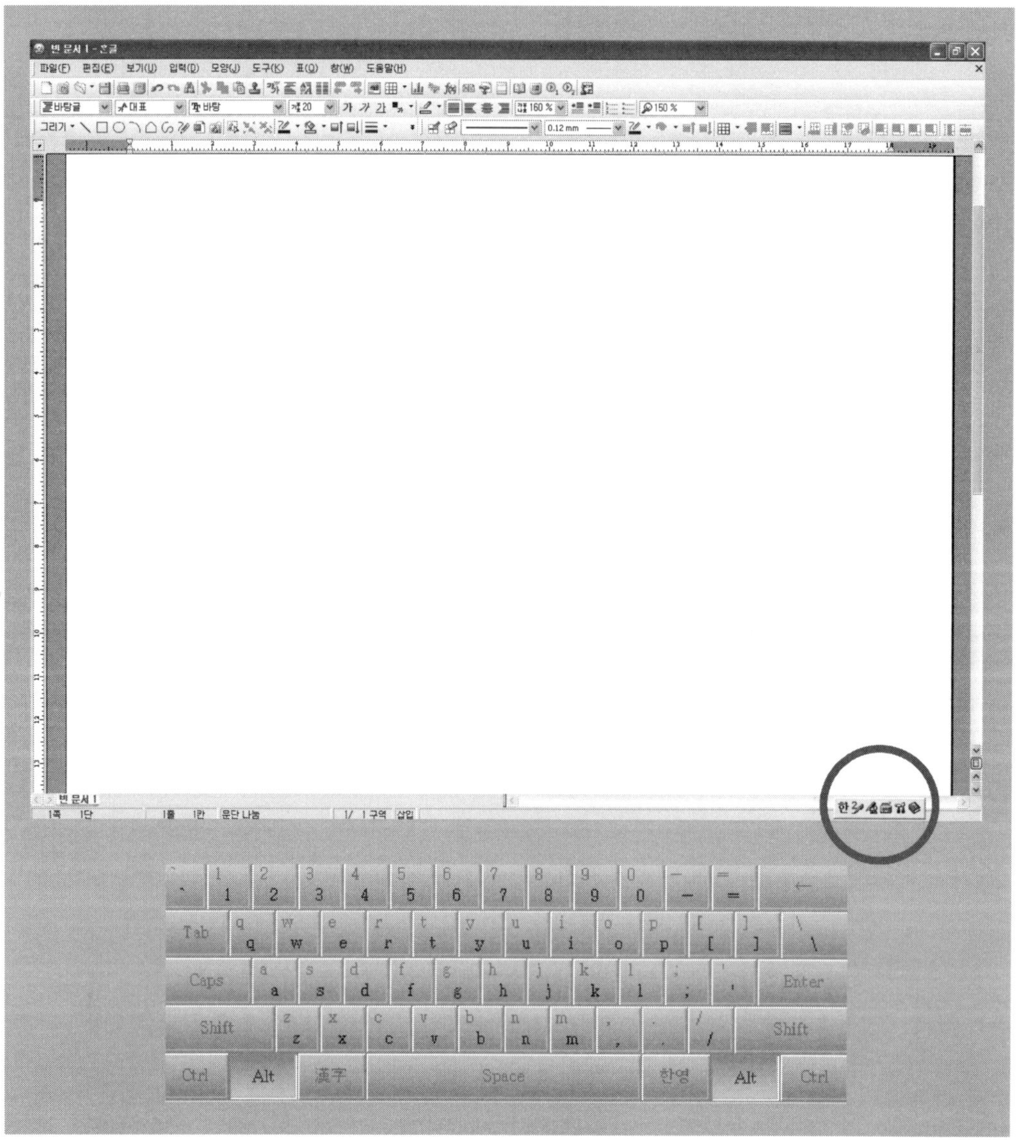

Shift 와 Space 를 눌렀는데도 입력 도구 모음이 일본어 입력 상태로 변환되지 않을 경우에는 [입력], [글자판], [글자판 바꾸기]를 차례로 누른다. 그러면, 아래의 화면이 나타나게 되는데 화면 하단 부분의 제3글자판을 일본어로 선택하고 입력 방법을 Hiragana로 선택한 후에 오른쪽의 [설정]을 누르면 로마자로 일본어를 입력할 수 있는 환경으로 변환된다. 이 상태에서 Shift 와 Space 를 누르면 한글화면 오른쪽 밑 부분에 이 나타나게 되며 일본어 입력이 가능해진다.

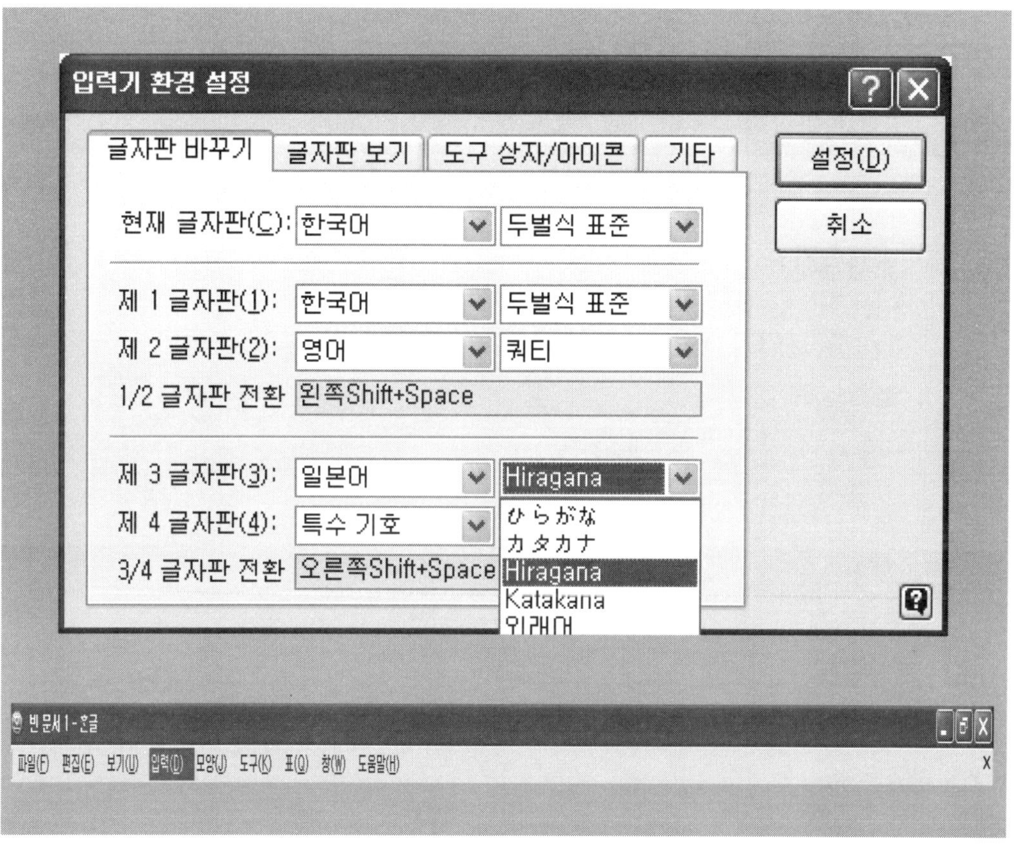

6

앞서 설명했듯이 일본어를 입력하는 방법에는 로마자 입력 방법과 가나 입력 방법이 있다. 일본어 키보드가 없더라도 한국어 키보드 상에서 가나 입력 방법으로 일본어를 입력할 수 있는데, 그 방법은 먼저 [입력], [글자판], [글자판 바꾸기]를 차례로 누른다. 그리고 아래의 화면에서와 같이 제3글자판을 일본어로 선택한 후에 입력 방법을 Hiragana가 아닌 ひらがな로 선택하고 오른쪽의 [설정]을 누르면 된다. 물론, 일본어를 입력하기 위해서는 ❶의 과정을 다시 한 번 반복해야만 한다.

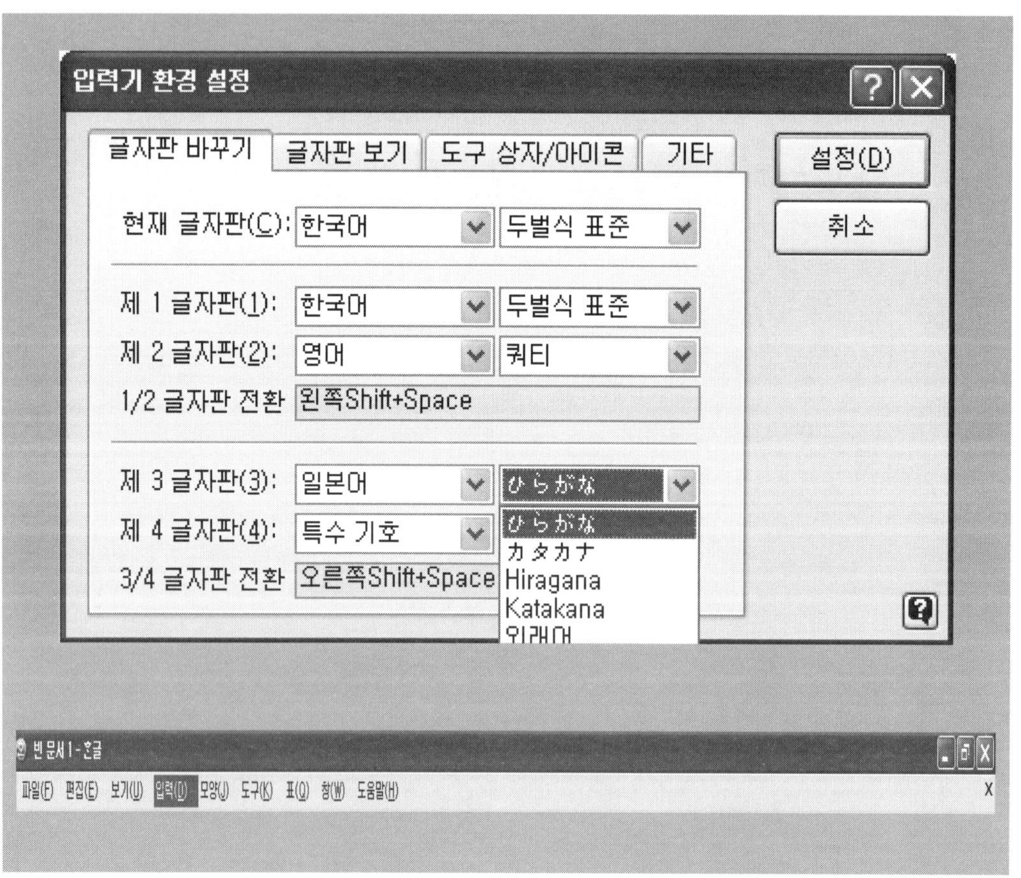

Japan 칼럼

「すみません」의 다양한 의미

　　여러분은 음식점이나 카페에 들어가 주문을 하거나, 물건을 사기 위해 종업원을 부를 때 무어라고 하세요? 「저, 여기요~」, 「아줌마~」, 「이봐요, 아가씨(아저씨)」, 「여기 주문 좀 받으세요」 등등 한국어는 경우에 따라 참 다양한 말로 종업원을 부를 수 있지요.

　　이 경우, 일본어로는 「すみません~」하면 됩니다. 원래 「すみません」은 「미안합니다, 죄송합니다」라는 뜻을 가지고 있습니다. 예를 들어 버스나 지하철 안에서 남과 부딪히거나 발을 밟았을 때 「あっ、すみません!」하고 사과하지요. 그런데 「すみません」은 굳이 사과나 미안함을 나타내는 것 이외에, 하나의 의례적인 인사로 굳어진 말입니다.

　　예를 들어 종업원을 부를 때 「すみません」하면 「저, 주문하고 싶은데요」 혹은 「가격을 묻고 싶은데요」 라는 의미가 됩니다. 또한 무언가 상대가 호의를 베풀었을 때 이쪽에서 답례로 「どうもすみません」이라고 하면 이번에는 「ありがとうございます」라는 의미가 됩니다. 남의 집이나 사무실을 방문하여 문 앞에서 「すみません~」하는 건, 「실례합니다, 아무도 안계세요?」 하는 뜻이고요. 또한 옆 사람을 가로질러 물건을 집어야 될 때나 앞으로 스쳐서 지나쳐야 될 때 역시 「저, 잠깐 실례」라는 의미로 가볍게 「すみません」 하지요. 외국인의 눈으로 보면 일본인들은 자존심도 없이 너무나 자주 「すみません」을 연발하는 것같이도 보이지만, 「すみません」은 반드시 미안하다는 의미로만 쓰이는 건 아니랍니다.

MEMO
NOTE

04

Global IME 설치방법

IME란 입력 시스템(Input Method Editor:IME)을 의미
하며, 한국, 일본, 중국 등의 여러 나라의 다양한 문자를
특수한 키보드를 이용하지 않고 입력하기 위한 프로그램
을 말한다. 이 입력 시스템을 사용하면 전 세계 어디에서도
쉽게 일본어로 이메일을 교신할 수 있다. Windows XP
환경에서 입력언어를 추가하는 방법에 대해 알아보자.

Windows의 [시작], [제어판]을 차례로 누르면 아래와 같은 화면이 보이게 된다. 그 중에서 [국가 및 언어 옵션]을 선택해서 더블 클릭 한다.

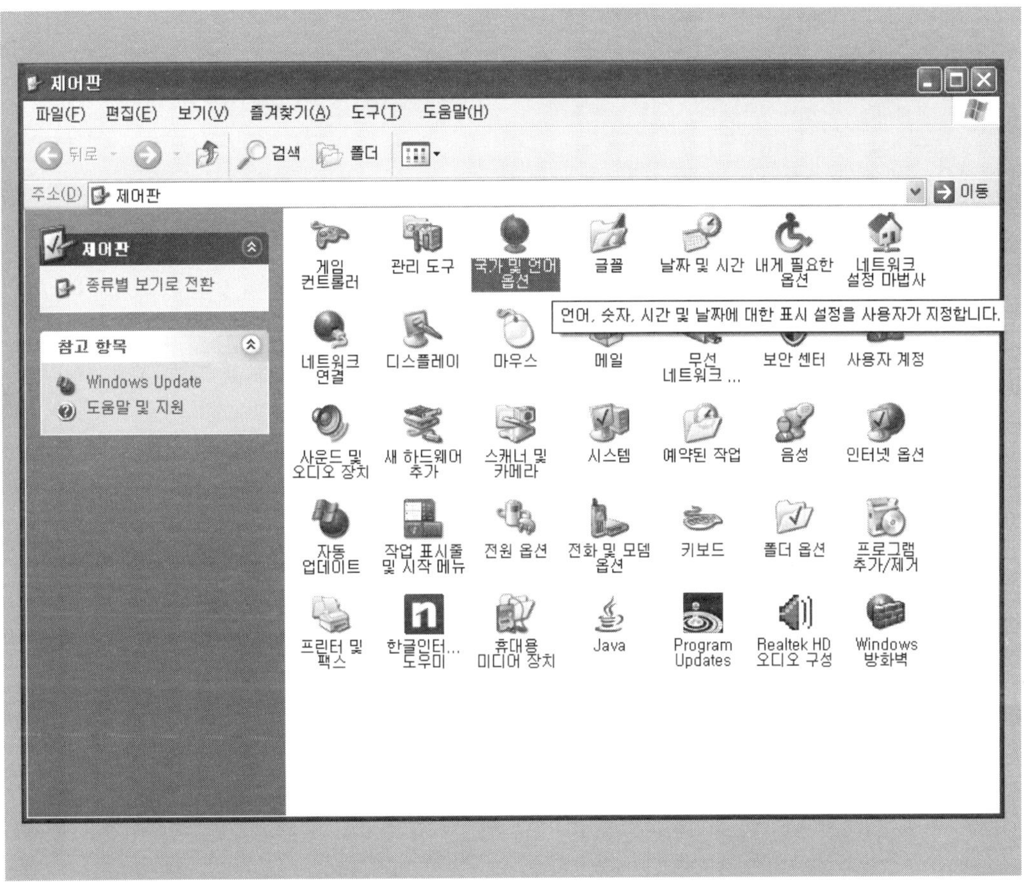

[국가 및 언어 옵션]을 더블 클릭 한 후에, [국가별 옵션]을 누르면 아래와 같은 화면이 나타난다. 화면에서 한국어라고 표시된 부분 우측의 동그라미로 표시한 부분을 클릭한다.

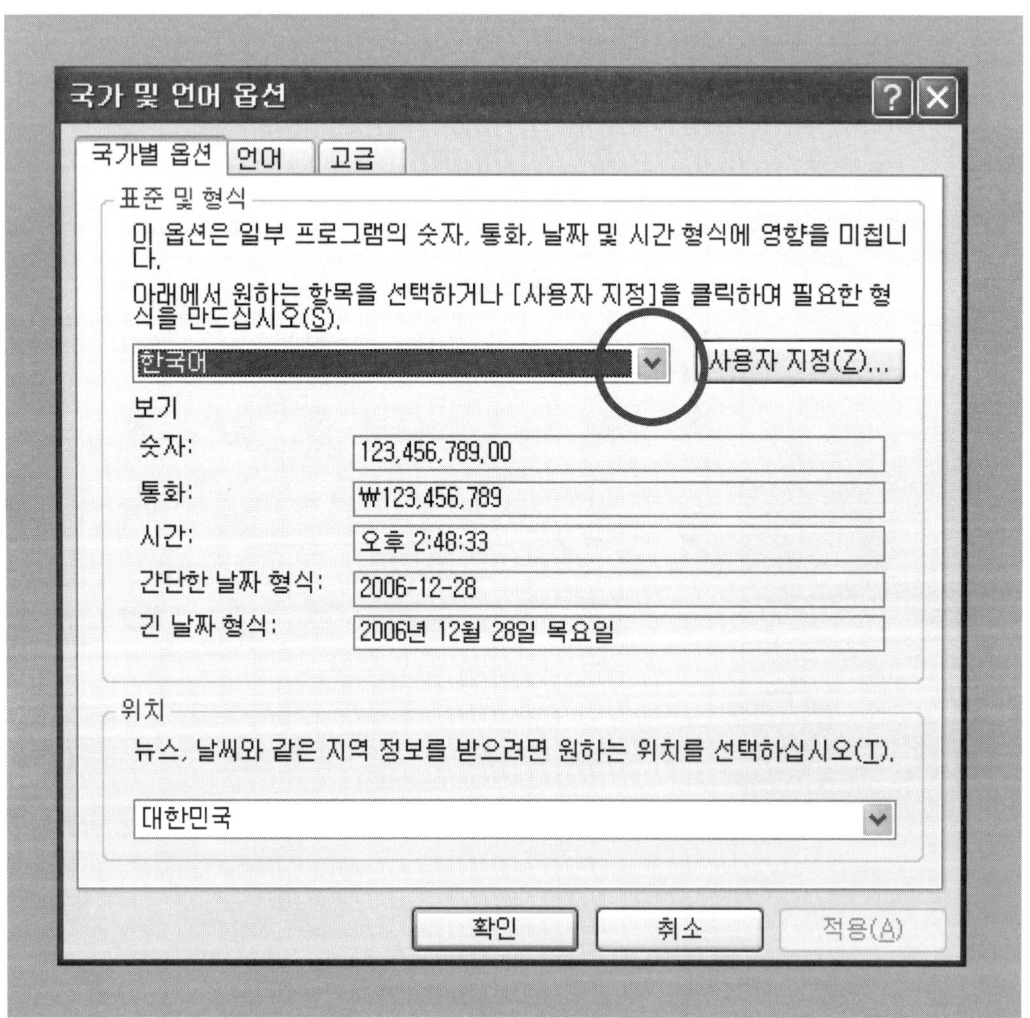

한국어 외에 추가할 수 있는 입력 언어가 나타나게 되는데, 그 중에서 일본어를 선택한다.

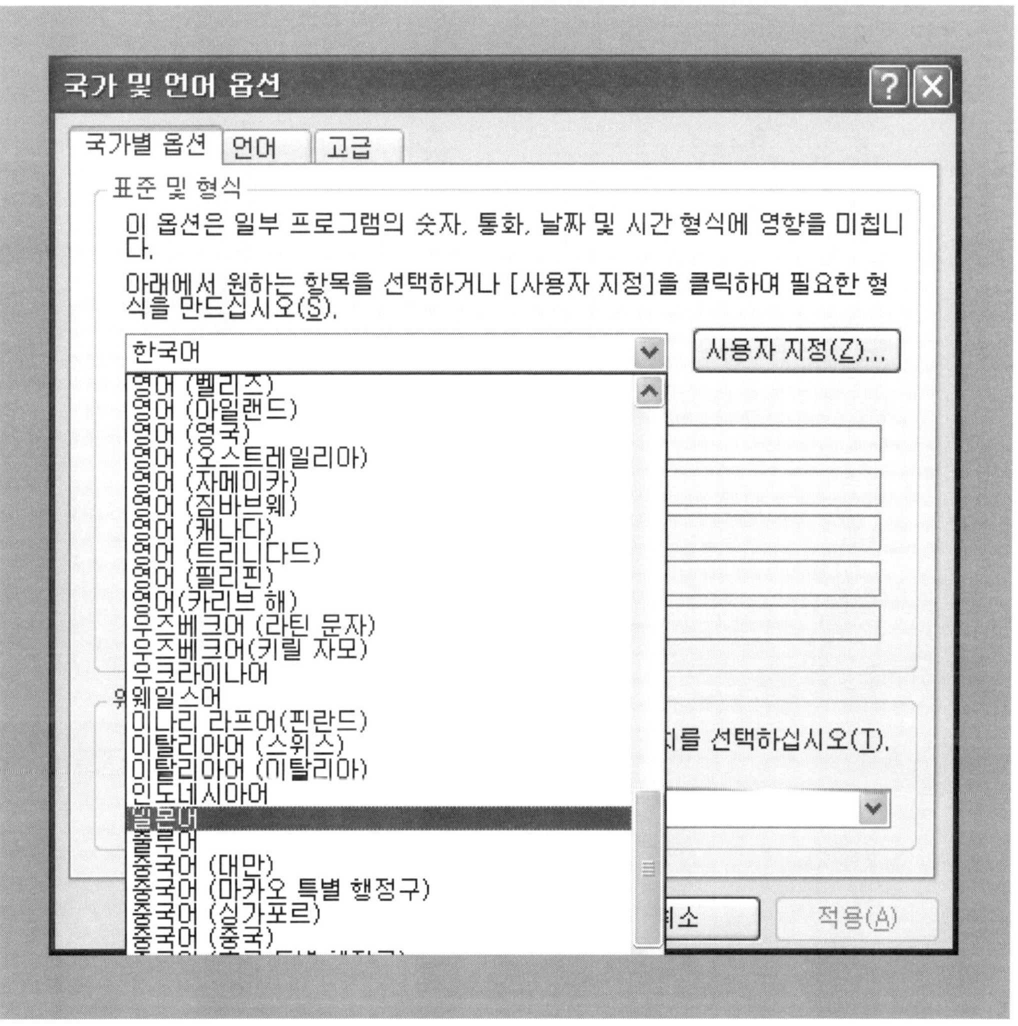

화면 아래 부분의 [적용], [확인]을 누르면 Global IME로 입력할 수 있는 언어로 일본어가 추가된다.

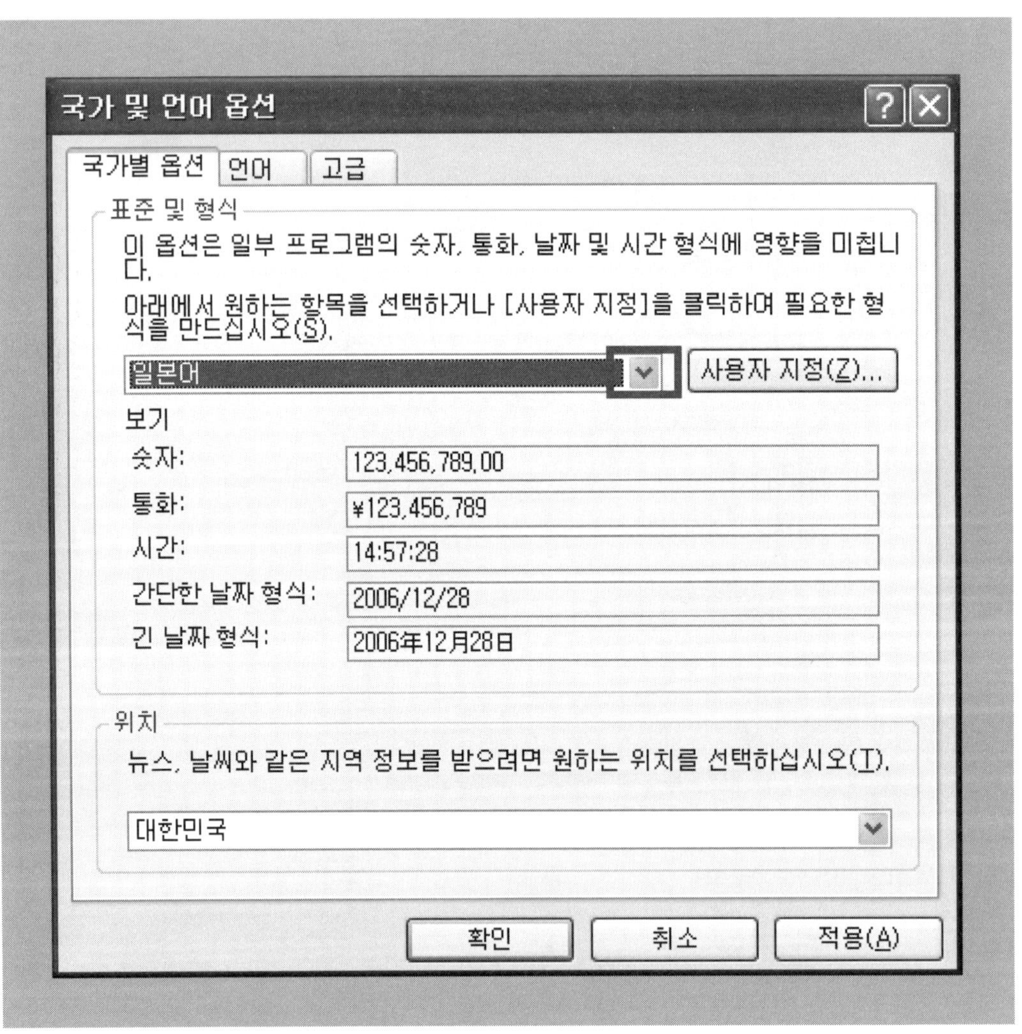

Global IME 시스템을 통해서 일본어를 입력할 수 있게 되면 인터넷 사이트에 접속해서 검색창이나 주소창에 일본어를 입력할 수 있게 된다. 인터넷 사이트에 접속하게 되면 화면 아래 우측 부분에 작은 상자가 생긴다. 이것을 [입력 도구 모음]이라 부른다.

의 [KO] 부분을 클릭한 후, [JP]를 클릭하면 와 같은 화면으로 변환되어 일본어를 입력할 수 있게 된다. 주소창에 로마자로 [nihongo]라고 입력하면 [にほんご]라고 표시된다. 로마자 입력이 안 될 경우, 의 [KANA] 부분을 클릭해주면 된다.

표시된 [にほんご]를 한자로 변환시키고자 할 때는 spacebar 를 클릭해서 원하는 한자를 선택한 후, Enter 를 누르면 [日本語]와 같이 한자가 확정되어 일본어 입력이 완료된다.

Japan 칼럼

공원 데뷔(公園 デビュー)

　일본에는 도심이나 주택가 근처에 크고 작은 공원이 많이 있습니다. 점심시간에는 회사원들이 도시락을 사들고 회사 근처의 공원을 찾는 모습을 여기저기서 볼 수 있지요. 주택가 근처의 공원은 어린 꼬마들의 놀이터로, 공원 한편에는 아이를 데리고 나온 젊은 엄마들이 모여 이야기꽃을 피우기도 합니다. 이러한 주택가 공원 풍경에서「공원 데뷔(こうえんデビュー)」라는 말이 생겨나기도 하는데 그 뜻은 다음과 같습니다.

　아이가 어느 정도 자라서 밖에 나아가 친구들과 놀고 싶어 할 나이가 되면 엄마들은 은근히 걱정되기 시작합니다. 과연 집 근처 공원에 있는 기존 세력(?)의 아이들이 혹시 텃세를 부려 우리 아이를 따돌리면 어떡하나, 나 역시 공원에 매일 출근하다시피 하는 엄마들과 사이좋게 친해질 수 있을까 하는 고민 아닌 고민이 생겨납니다. 그래서 엄마들은 생각합니다.「아이에게는 어떤 장난감을 들려 내보내야 친구들에게 따돌림 당하지 않을까, 난 어떤 옷을 입고 나가야 엄마들 입방아에 오르내리지 않고 무난히 지낼 수 있을까」바로 이러한 궁리 끝에 공원 놀이터에 처음 진출하는 아기 엄마와 아이의 일련의 통과 과정을「공원 데뷔(こうえんデビュー)」라고 합니다.

05

Word프로그램에서 일본어 입력하기

한글프로그램과는 달리 Word프로그램은 IME시스템을 일본어 입력이 가능하도록 설정해야만 일본어를 입력할 수 있게 된다. 04장에서 살펴본 방식으로 설정해도 되지만, 본 장에서는 그 외의 방식을 사용한 일본어 입력방법에 대해서 살펴보도록 하겠다.

Windows의 [시작], [제어판]을 차례로 누르면 아래와 같은 화면이 보이게 된다. 그 중에서 [국가 및 언어 옵션]을 선택해서 더블 클릭 한다.

[국가 및 언어 옵션]을 더블 클릭 한 후에, [언어]를 클릭 하게 되면 아래와 같은 화면이 나타나게 되는데, 그 아래 우측의 [자세히]를 클릭한다.

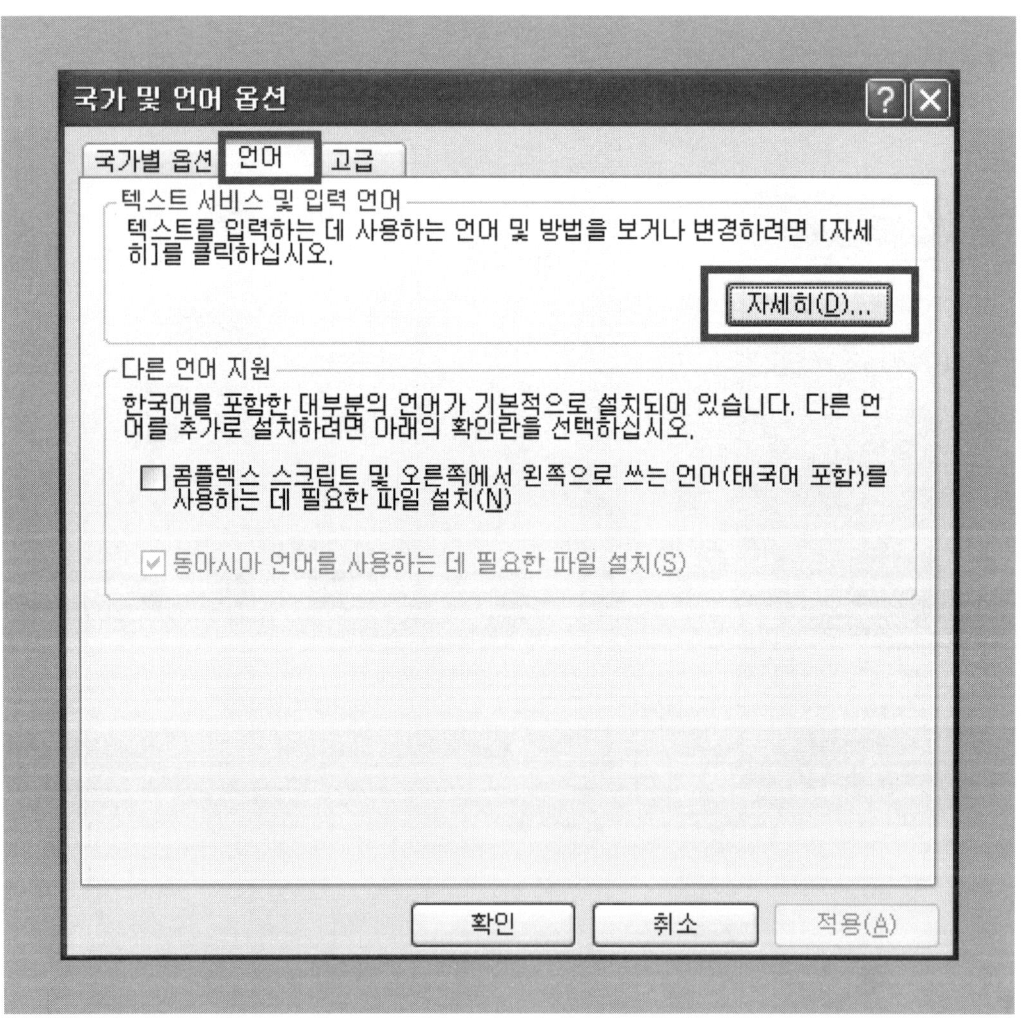

[텍스트 서비스 및 입력 언어] 화면이 나타나면, 화면 우측 부분에 있는 [추가]를 누른다.

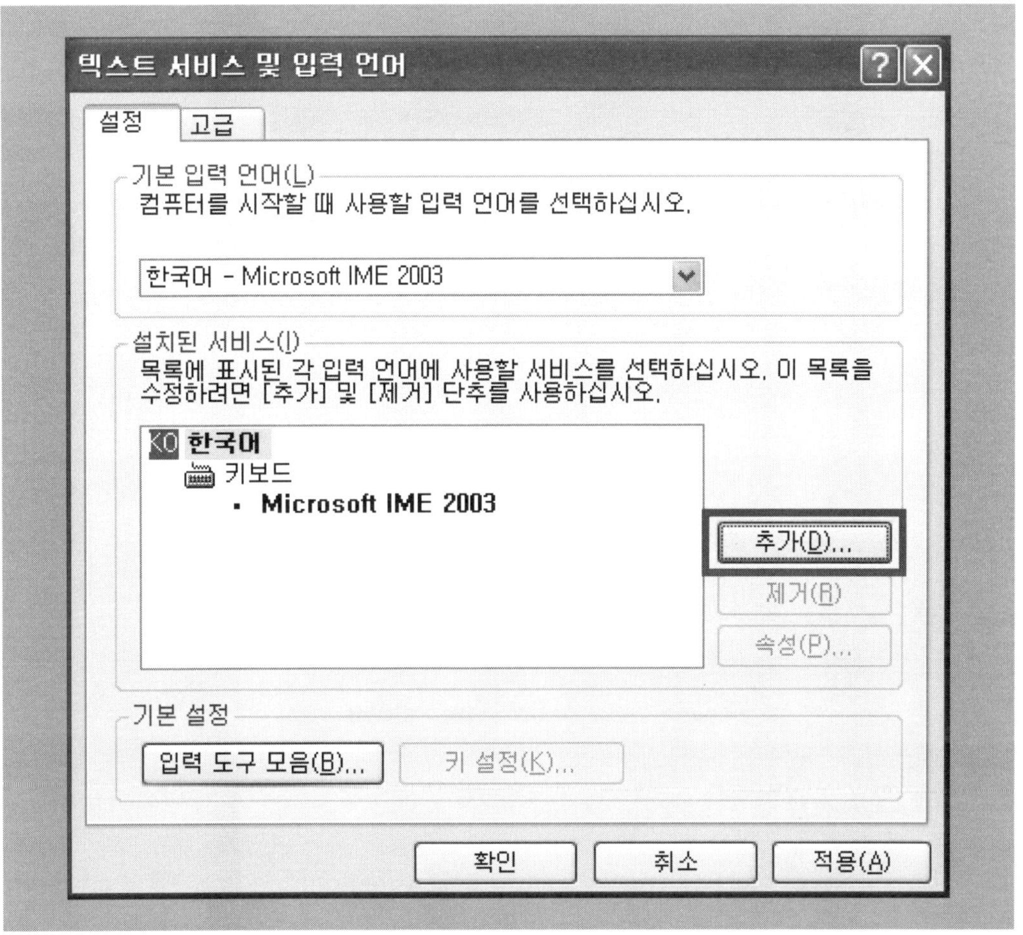

  아래와 같이 [입력 언어 추가] 화면이 나타나면, [입력 언어] 아래 부분의 화살표시를 클릭한다. 그 중에서 일본어를 선택한 후에 [확인]을 누르면 된다. 이 때, 남아 있는 [국가 및 언어 옵션]과 [텍스트 서비스 및 입력 언어] 화면의 [적용]과 [확인] 버튼을 눌러 주는 것도 잊어서는 안 된다.

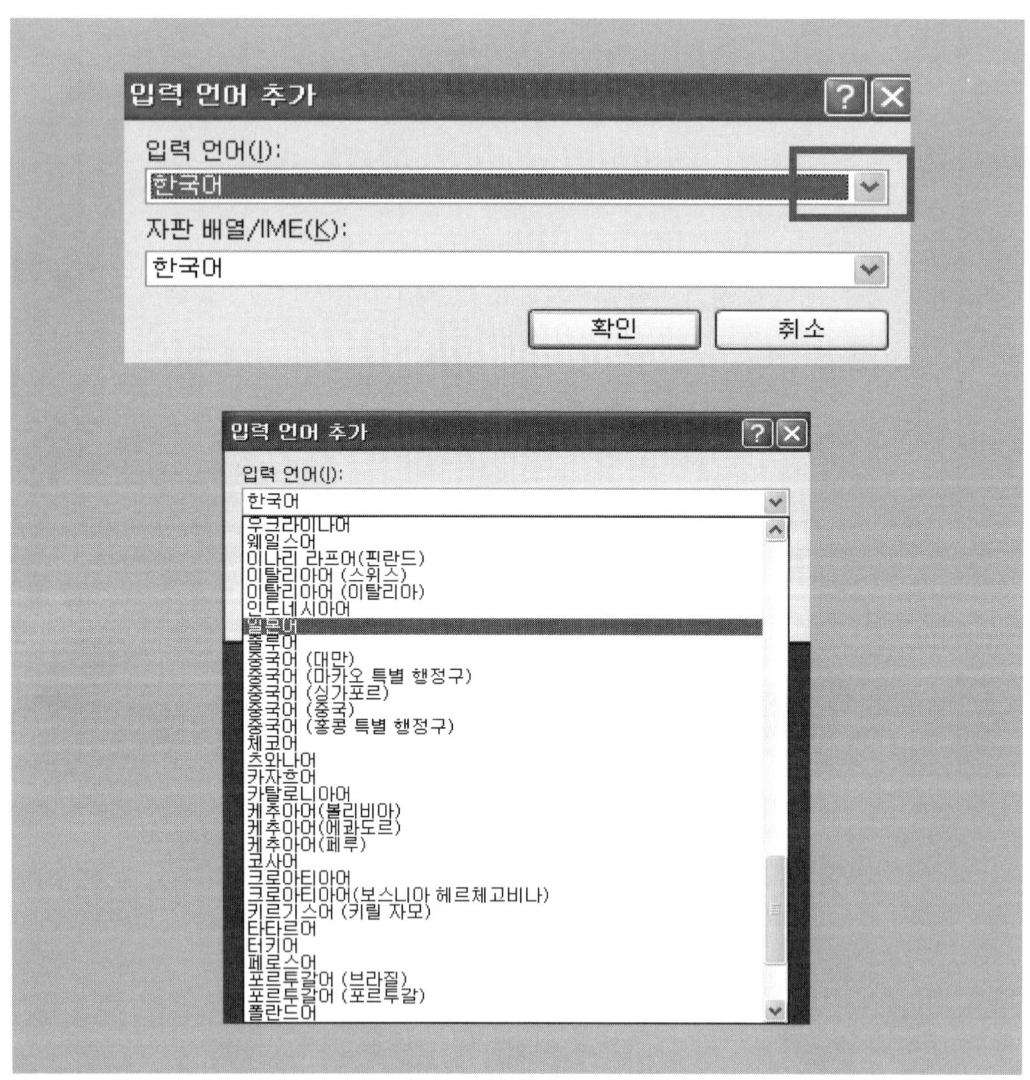

5

❶~❹의 과정을 거치고 나면, Word프로그램에서 일본어를 입력할 수 있게 된다. 바탕화면에 있는 Word프로그램을 더블클릭해서 아래와 같은 문서화면이 나타나도록 해보자.

Word프로그램의 문서화면 아래 우측 부분에 있는 [KO 가漢...] 부분의 [KO] 부분을 클릭한 후, [JP 일본어]부분을 누른다.

Word프로그램의 문서화면 아래 우측 부분에 있는 [KO 가漢] 부분이 [JP あ般] 로 바뀌게 되고 일본어 입력이 가능하게 된다.

Word프로그램을 사용해서 일본어를 입력하는 방법은 로마자 발음대로 입력하면 되므로, 따로 일본어 키보드가 없어도 된다. 따라서 키보드 자판의 로마자 a를 누르면 화면에 「あ」가 입력되며, k와 i를 누르면 「き」가 입력된다. 이 때, Enter 를 누르면 「あき」라는 일본어가 확정되어 글자 아래의 점선이 사라지게 된다.

입력된 「あき」를 확정하지 않고 히라가나가 아닌 한자로 변환시키고자 할 경우에는
Enter 를 바로 누르지 말고 Spacebar 를 눌러 원하는 한자를 선택한 후에 Enter 를 눌러
글자를 확정하면 된다. 오른 쪽의 말풍선 부분에 마우스포인터(화살표시)를 위치하면 해당
단어의 뜻이 일본어로 나타난다.

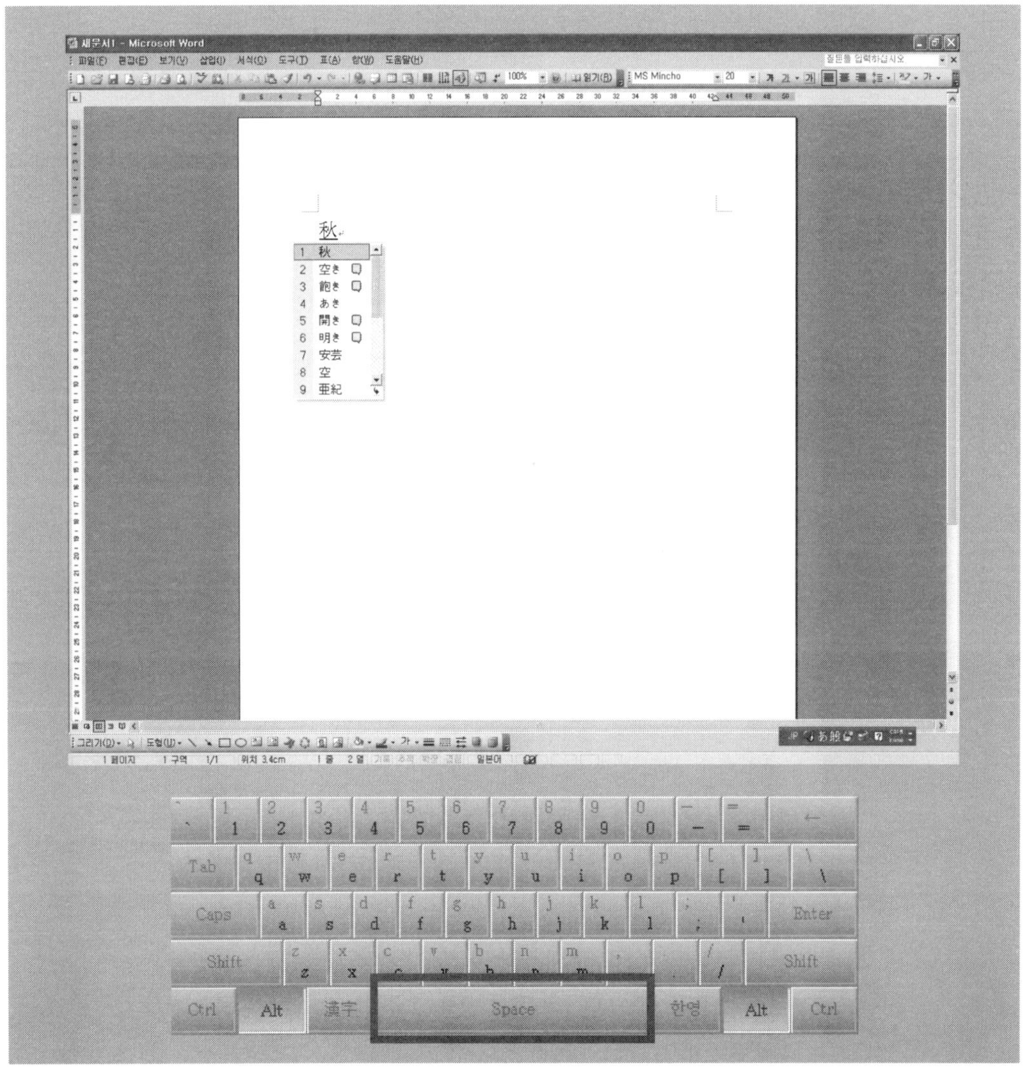

「aki」를 입력했는데 「あき」가 아닌 「ちのに」가 화면에 나타날 때는 로마자 입력 방법이 아닌, 가나 입력 방법으로 설정되어 있기 때문이다. 이런 경우에는 오른 쪽 아래 부분의 입력도구모음의 [kANA]부분을 클릭하면 로마자 입력 방법으로 변환된다.

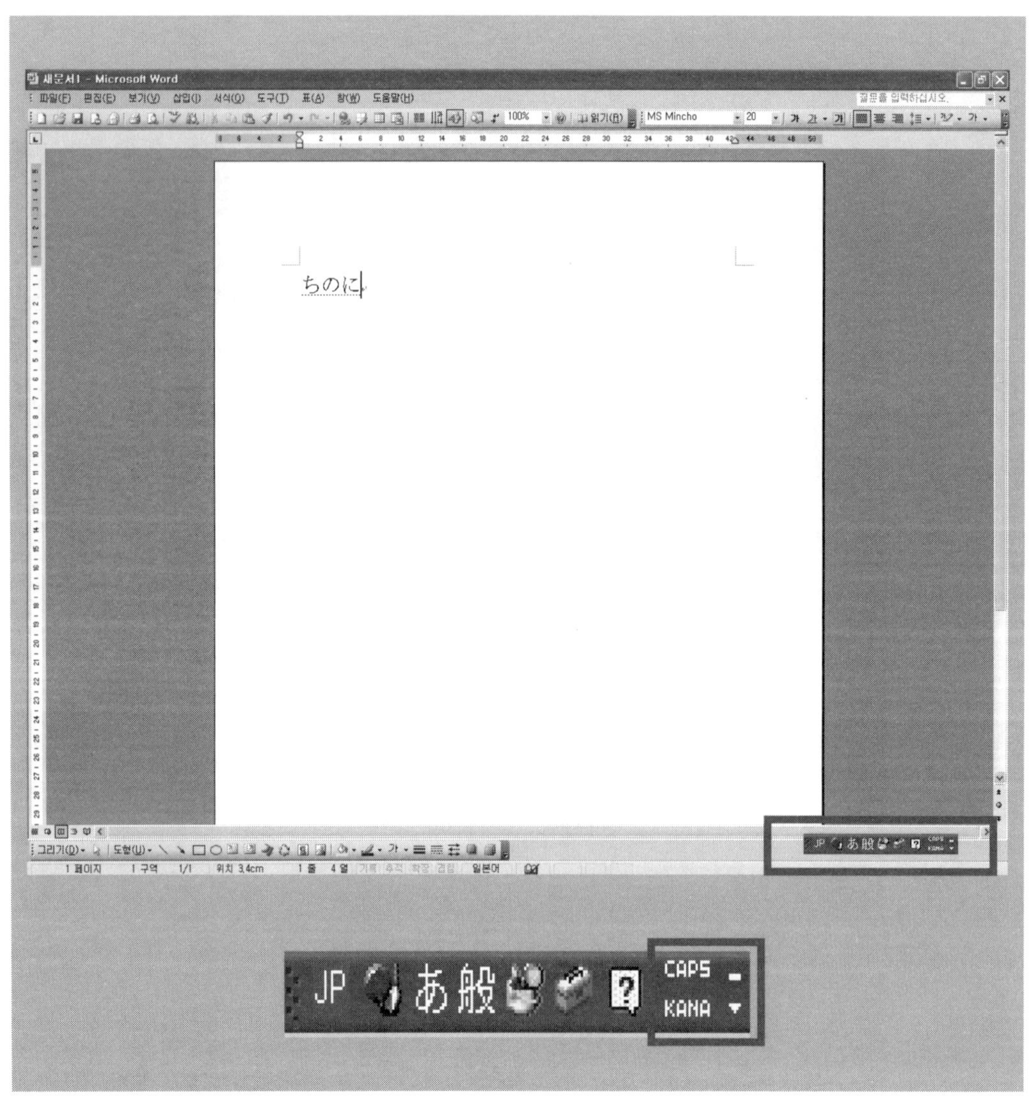

Japan 칼럼

생선회와 튀김

　일본은 섬나라이기에 회는 별반 색다른 요리도 아니겠지 싶은 우리의 생각과는
달리 일본에서 회는 가격도 비싼 고급 요리에 속합니다. 그래서 그런지 일본인들은
불고기나 갈비와 함께 신선한 회 역시 먹고 싶은 한국 요리 가운데 하나로 꼽기도
합니다.

　회를 의미하는 일본어「생선회(さしみ)」의「さし」는「찌르다」라는 동사「さす」에
서,「み」는 몸을 뜻하는 명사입니다. 직역하자면 생선회란 결국「몸 찌르기」라는 의미
를 갖는데, 이 말은 회를 뜨고 난 후, 생선의 싱싱함과 종류를 증명하기위해 접시
한편에 아직도 아가미가 팔딱거리는 생선 대가리를 나무 꼬챙이로 찔러 회와 함께
내어주던 습관에서 유래한 말입니다.

　튀김(てんぷら)은 16세기에 일본에 온 예수회의 시양 신교사들에 의해 개발된 요리
법이라고 합니다. 튀김(てんぷら)은 포르투갈어의 뎀포라(têmporas:육식을 하지 않
는 기간)라는 말에서 유래한 것으로 서양 선교사가 이 기간 동안 영양 보충을 위하여
야채를 기름에 튀겨먹는 것을 보고 일본인도 이를 흉내 내어 다양한 재료들을 기름에
튀겨먹게 된 것이지요.

MEMO
NOTE

06

알아두면 유용한 한글프로그램 Tipl
- 덧말 넣기 -

03장에서 한글프로그램에서 일본어를 입력하는 방법에 대해서 살펴보았다. 06장에서는 한글프로그램에서 일본어를 입력하는데 필요한 사항 중에서도 아주 기본적이고도 중요한 [덧말 넣기]에 대해서 살펴보도록 한다. 일본어는 한자를 사용하고 그 한자를 가나로 읽는 시스템이기 때문에 덧말을 넣고 떼어내는 방법을 알아두면 일본어 학습에 많은 도움이 될 것이다.

일본어로 [덧말 넣기]는 쉽게 말하면 한자를 일본어 가나로 어떻게 읽는지를 나타내고자 할 때에 주로 사용하는 것으로 보면 된다. [덧말 넣기]를 하려면, 먼저 바탕화면에 있는 한글프로그램 아이콘을 더블클릭해서 한글문서 화면을 띄운다.

한글문서 화면이 나타나면 Shift 와 Spacebar 를 동시에 누른다. 그러면 오른 쪽 아래 부분의 KO 가漢 화면이 JP あ般 화면과 같이 바뀌게 된다.

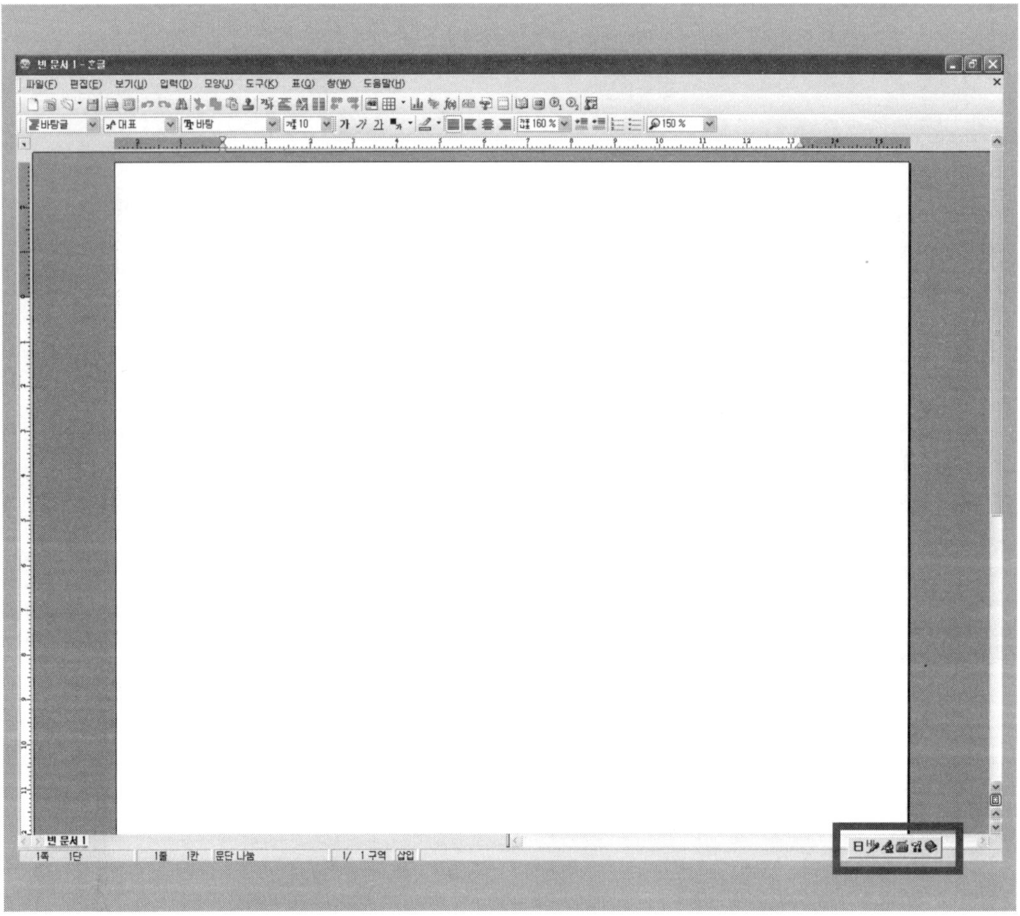

로마자로 [gakusei]라고 입력하면 화면에 [がくせい]라는 가나문자가 나타나게 된다.

4

이 때, Spacebar 를 누르면 [gakusei]라는 음으로 나타낼 수 있는 한자와, 가나문자가
나타나게 되는데 그 중에서 [学生]라는 한자를 선택하고 Enter를 누르면 [学生]라는 한자
가 확정된다.

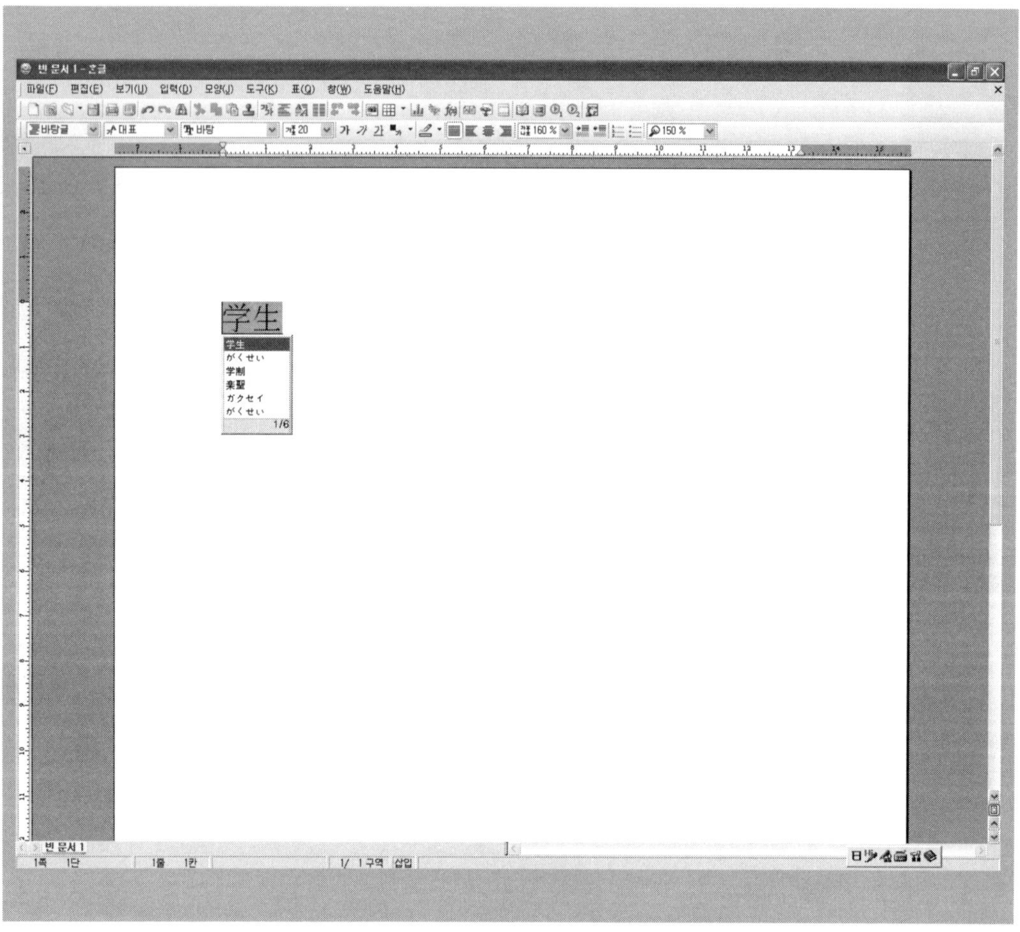

한자가 확정되면, 아래의 그림과 같이 단어의 앞이나 뒤에 마우스를 포인터를 놓고 마우스 왼쪽 버튼을 누른 상태에서 단어를 감싸주어 [学生] 부분을 블록으로 지정한다.

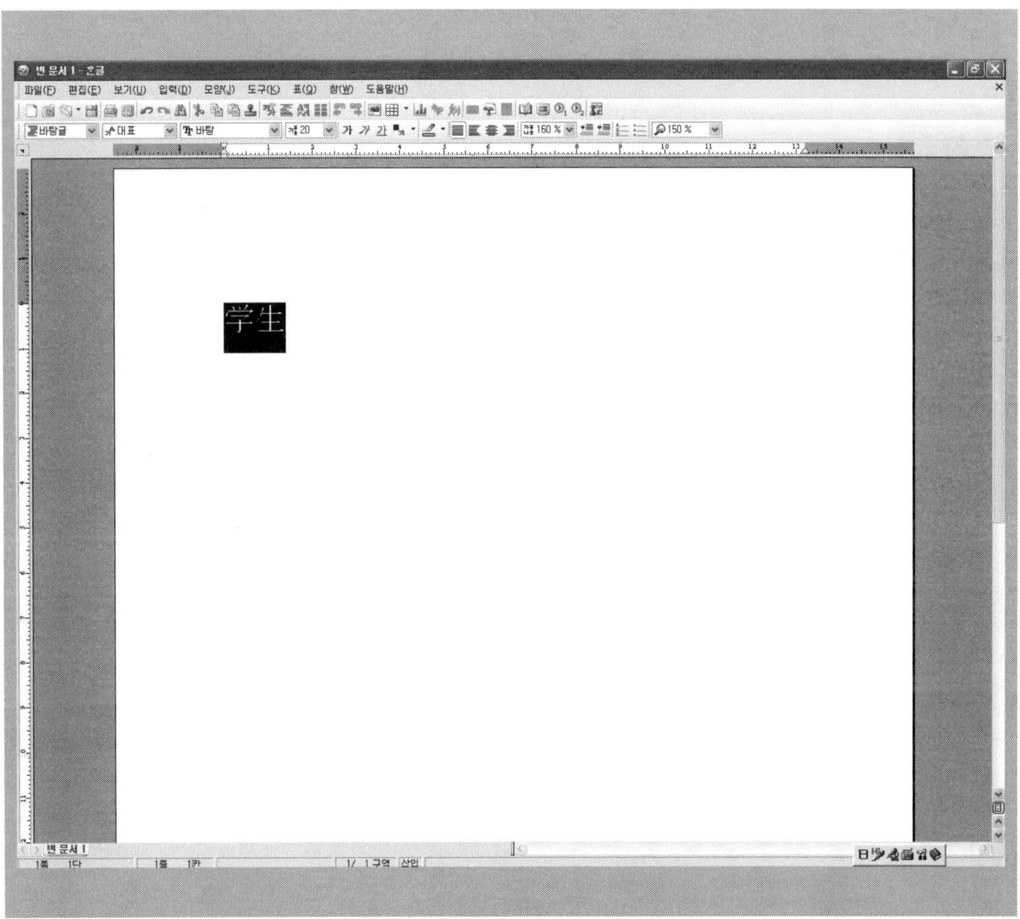

범위가 지정되면, [입력], [덧말 넣기]를 차례로 누른다.

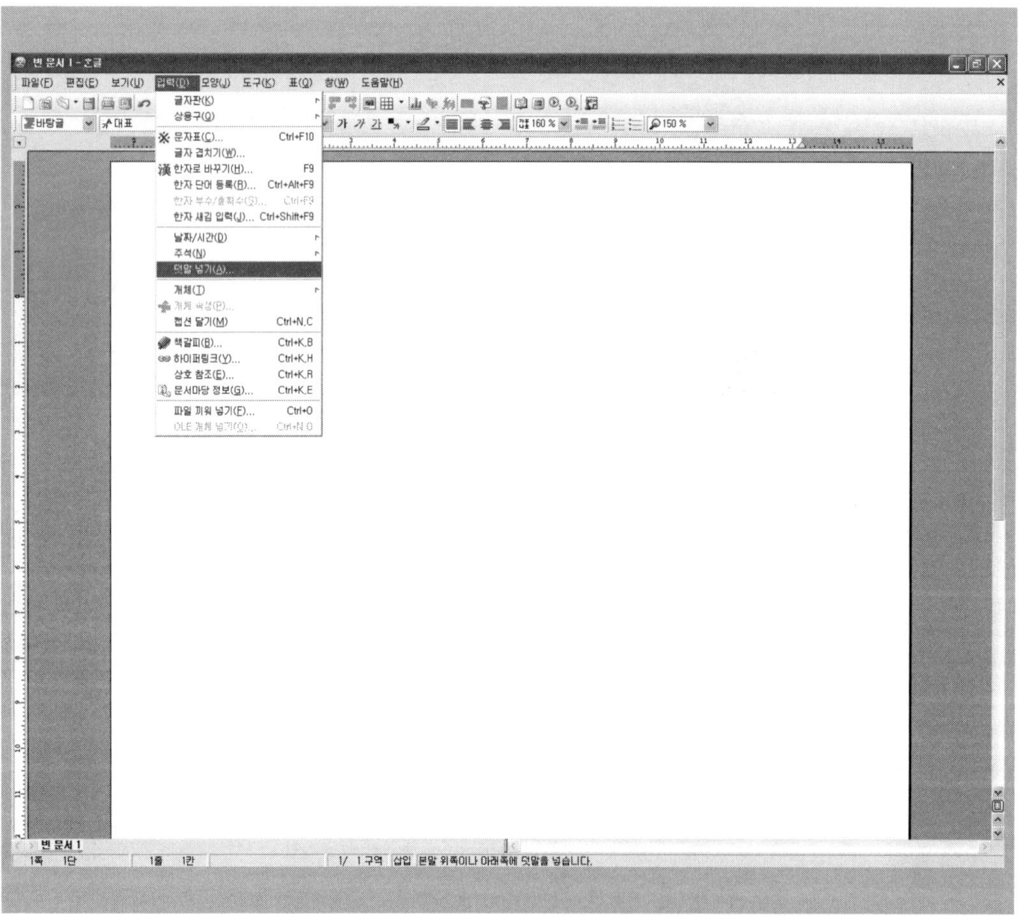

[덧말 넣기]를 누르면, 아래와 같은 작은 화면이 한글문서화면에 나타나게 되는데, [덧말(Y)]라고 쓰여진 부분 우측 공란에 [がくしょう]라고 입력한 후에 오른쪽에 있는 넣기를 클릭한다.

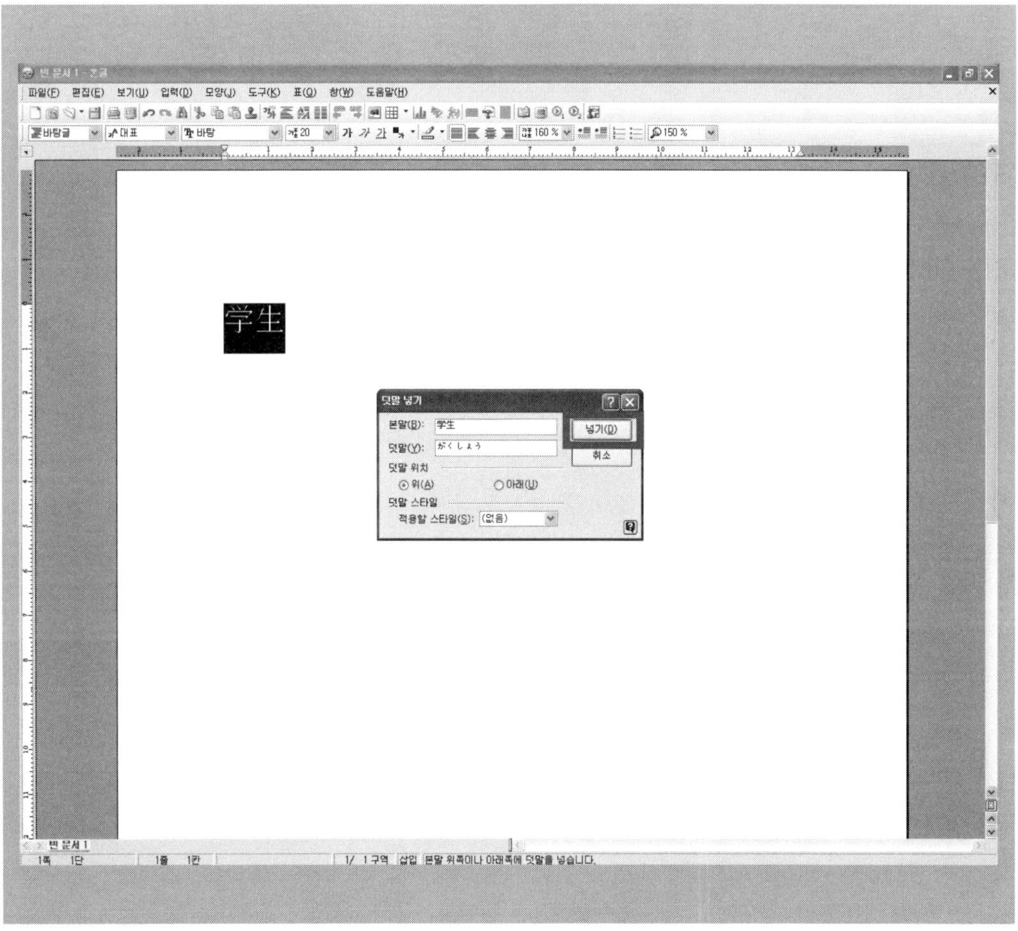

[学生]라는 한자 위에 「学生」와 같이 가나가 덧말로 나타나게 된다.

덧말을 없애거나 잘못 입력한 덧말을 수정하려면 「学生」 한자의 앞이나 뒷부분에 마우스 포인터를 놓고 마우스의 왼쪽 버튼을 더블 클릭하면 된다. 그러면 아래와 같은 화면이 나타난다.

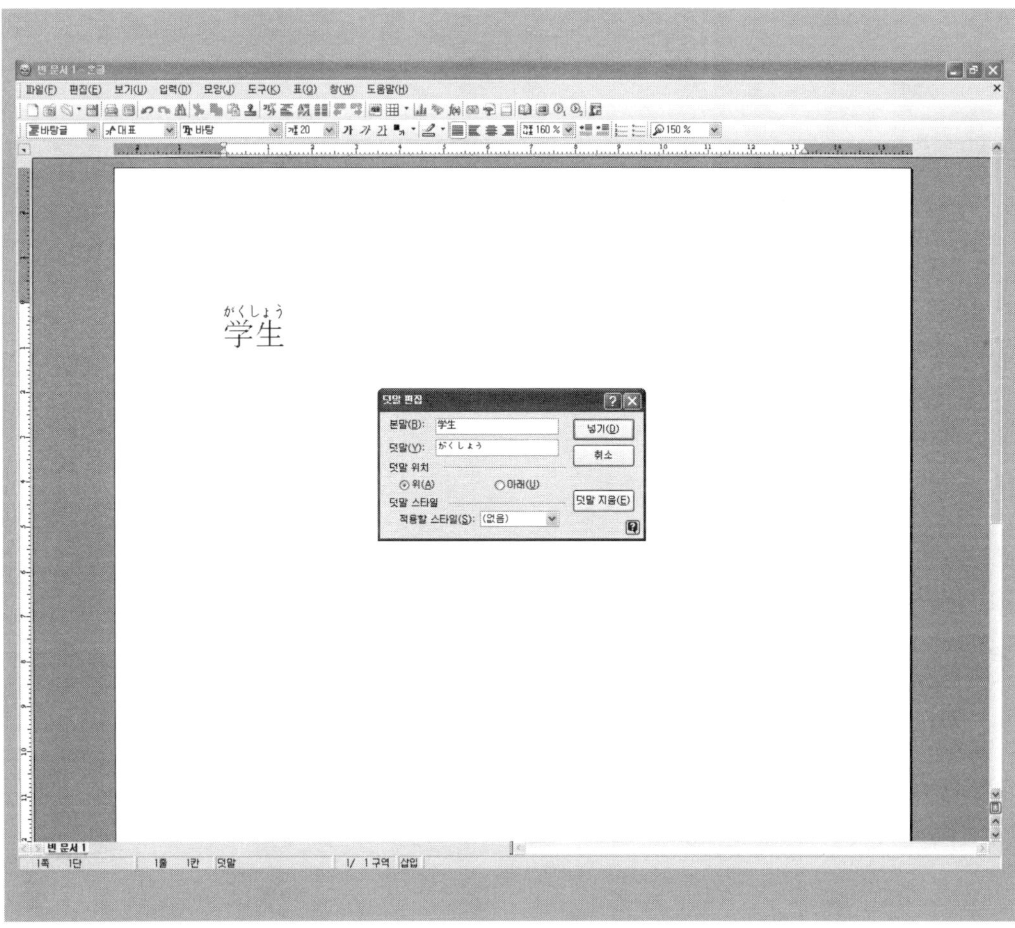

[덧말 지움]을 클릭하면 아래 그림과 같이 한자 위의 덧말이 사라진다.

잘못 입력한 덧말을 수정하려면, [덧말(Y)] 우측란의 가나를 지우고 새로운 가나를 입력한 후, 작은 화면 우측의 [넣기]를 클릭한다.

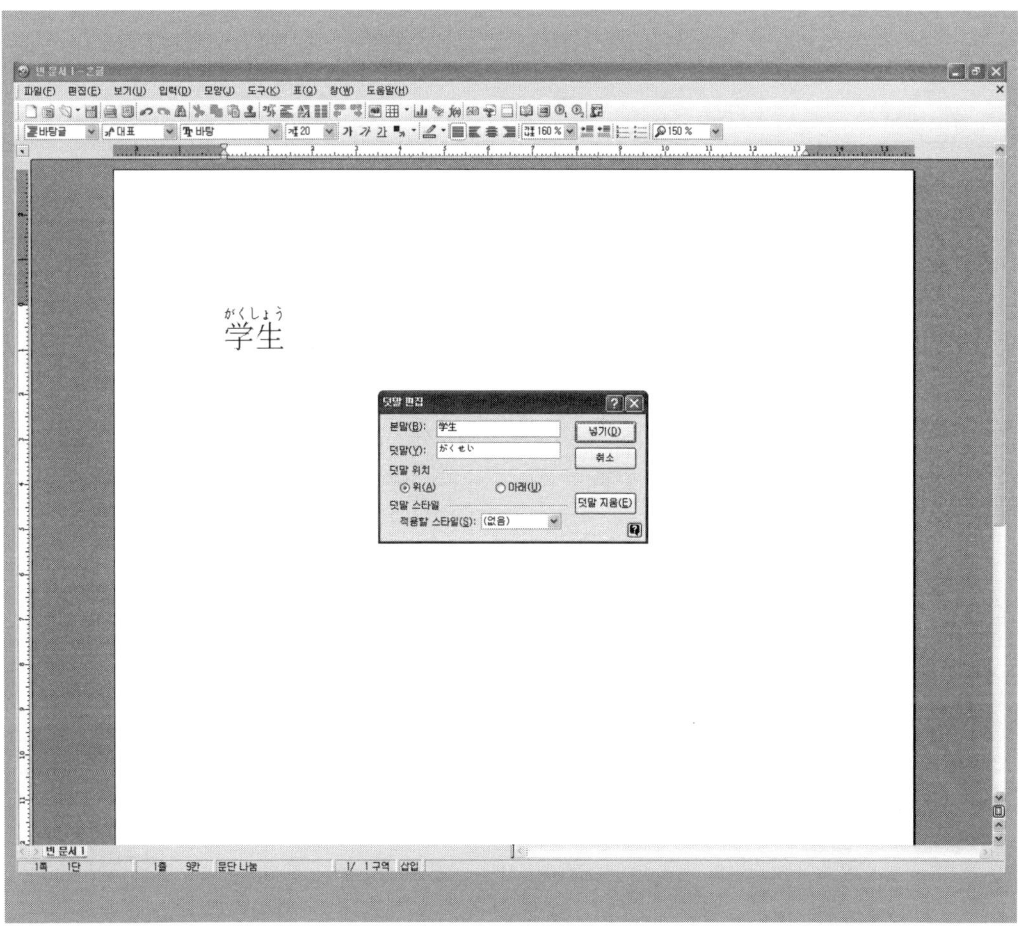

잘못 입력한 덧말이 수정되어, 아래 그림과 같이 「学生」에서 「学生」로 바뀌게 된다.

Japan 칼럼

밸런타인데이(バレンタイン・デー)

　일본에서는 2월 14일 밸런타인데이(バレンタイン・デー)가 그 어떤 명절보다도 떠들썩하게 치러집니다. 원래 고대 로마에서 10대 소녀들이 사랑의 편지를 큰 솥에 넣어두면 남자들이 제비뽑기를 하던 루페르카리아 축제에서 유래한 밸런타인데이를 일본의 제과 업자들이 상업적인 전략으로 이용한 것이 지금에 이르고 있습니다. 즉, 일본에서 처음으로 밸런타인데이와 초콜릿을 연결한 것은 메리(メリー) 초콜릿 회사로 이 회사는 1958년 신주쿠(新宿:しんじゅく)의 이세탄(伊勢丹:いせたん) 백화점에서 50엔짜리 하트 초콜릿을 팔기 시작했지만, 당시 팔린 것은 겨우 3개에 불과했습니다.

　이후, 상업적인 전략에 편승한 10대 소녀들을 중심으로 밸런타인데이의 초콜릿 판매는 비약적으로 증가하여 비단 사랑하는 사람에게만이 아니라 직장동료나 상사 등에게 선물하는 일명 「의리 초콜릿(ぎりチョコ)」도 성행하게 됩니다. 부하 여직원에게 「ぎりチョコ」를 받았으면 3월14일 화이트데이에는 작게나마 이에 보답해야만 인기 있는 상사가 될 수 있다나요.

　이런 사정으로 주부들은 3월14일의 지출을 생각하며 남편이 받아온 「ぎりチョコ」의 양을 두고 고민에 잠긴다고 합니다.

MEMO
NOTE

07

알아두면 유용한 한글프로그램 Tip2
– 덧말 유형 변경하기 –

06장에서는 한자의 윗부분에 덧말을 넣는 경우를 살펴봤지만, 07장에서는 [덧말 넣기]의 유형을 바꾸는 방법에 대해서 살펴보도록 하자. 덧말을 넣는 방법은 다양하며, 설정하기에 따라서는 일본어를 입력하기만 하면 자동으로 [덧말 넣기]가 실행되도록 할 수도 있다.

　[덧말 넣기]의 유형을 바꾸려면 먼저 바탕화면에 있는 한글프로그램 아이콘을 더블클릭해서 한글문서 화면을 띄운다.

한글문서 화면이 나타나면 Shift 와 Spacebar 를 동시에 누른다. 그러면 오른 쪽 아래 부분의 KO⬤가漢🔲🔲❓ 이 JP あ般🔲❓ CAPS KANA 와 같이 바뀌게 된다.

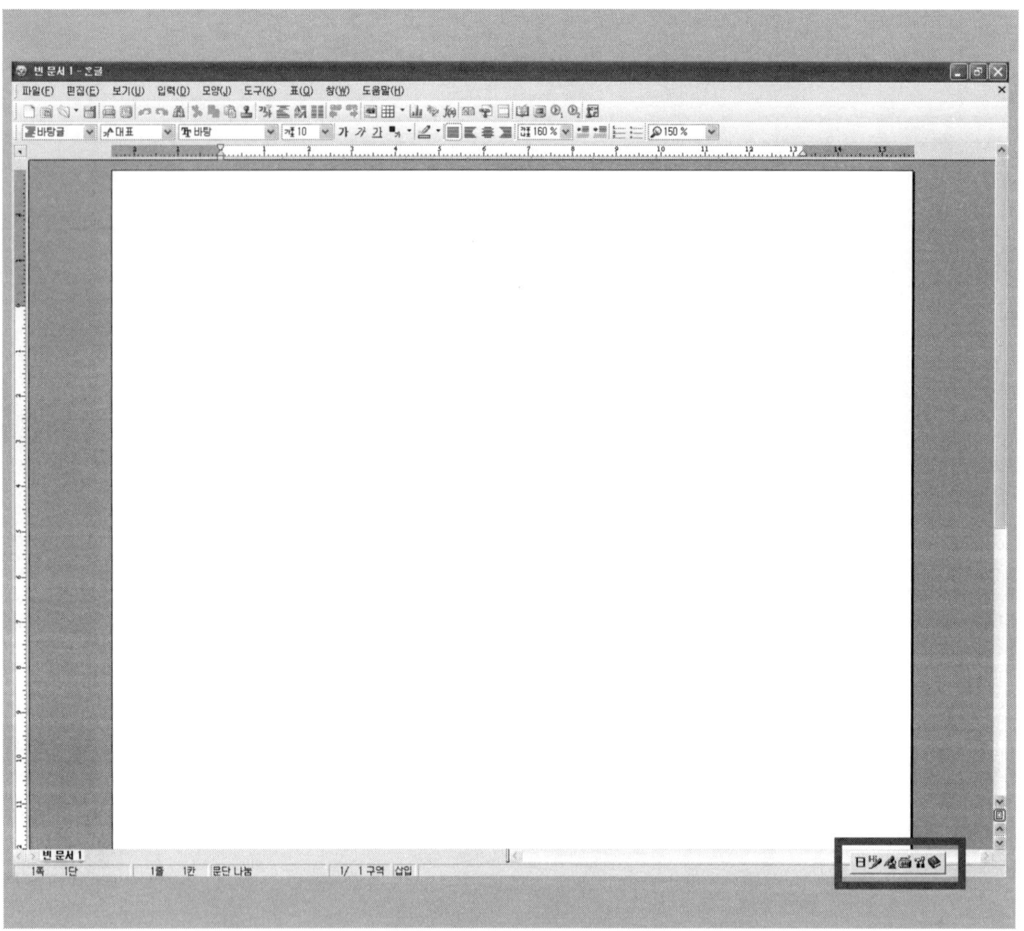

[입력 도구 모음]이 로 바뀐 것을 확인한 후, [입력] [글자판] [언어 선택 사항]을 차례로 누른다. 이 때, 일시적으로 이 사라지게 되는데 설정이 완료되면 다시 나타나게 되기 때문에 무시하고 다음 단계로 진행하면 된다.

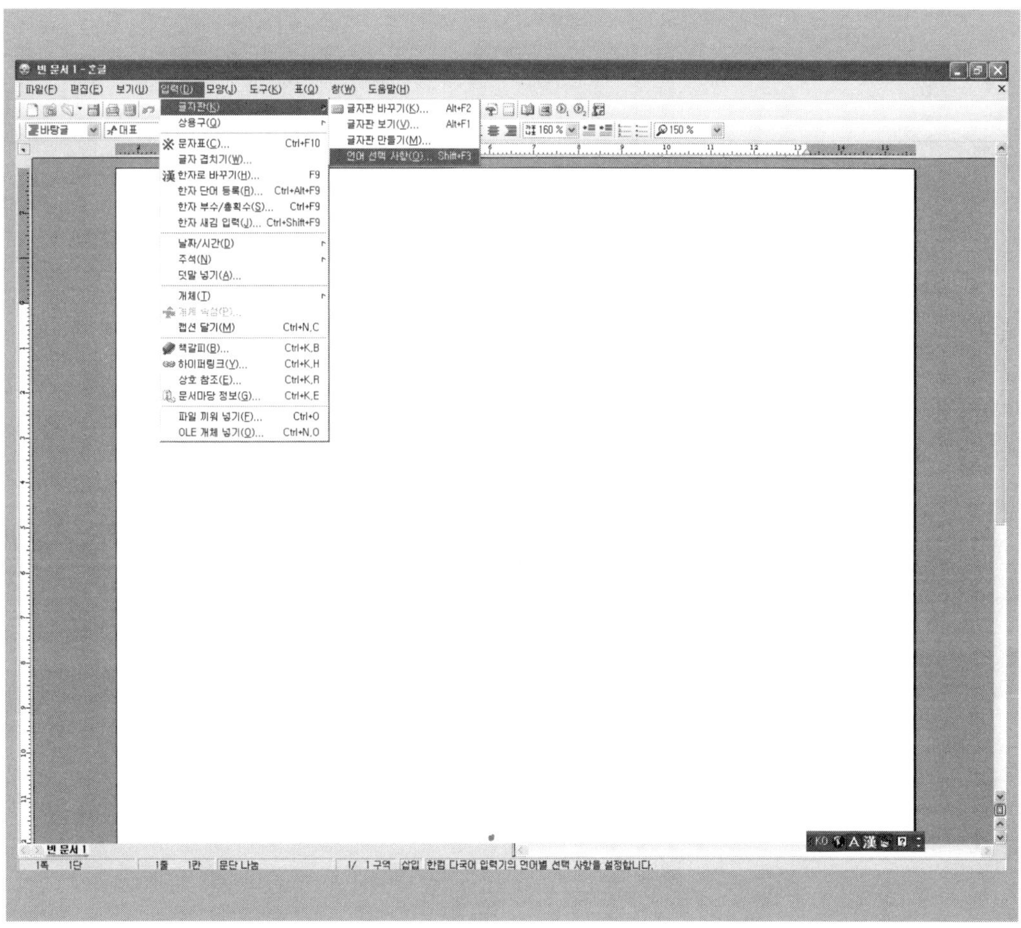

[언어 선택 사항]을 누르면 아래와 같은 화면이 나타나게 된다.

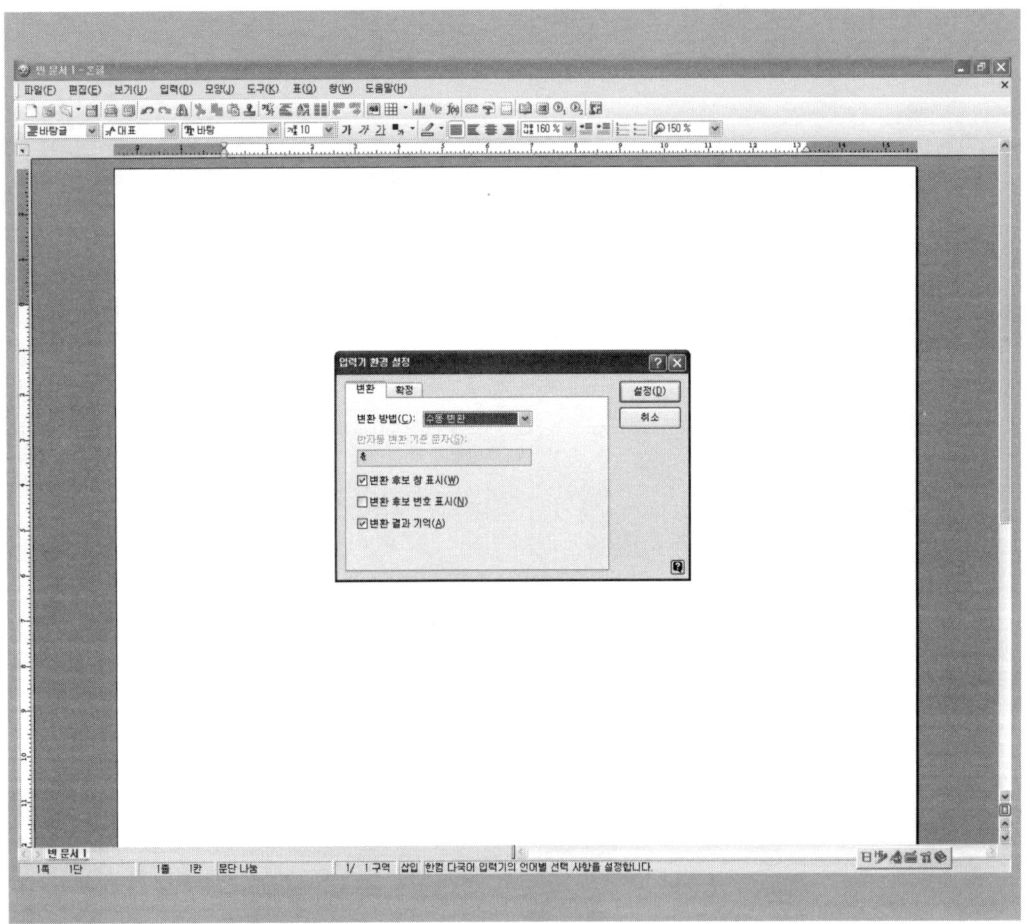

작은 화면 윗부분의 [확정]을 클릭하면 아래와 같은 화면이 나타나게 되는데 누르면
아래와 같은 화면이 나타나게 된다.

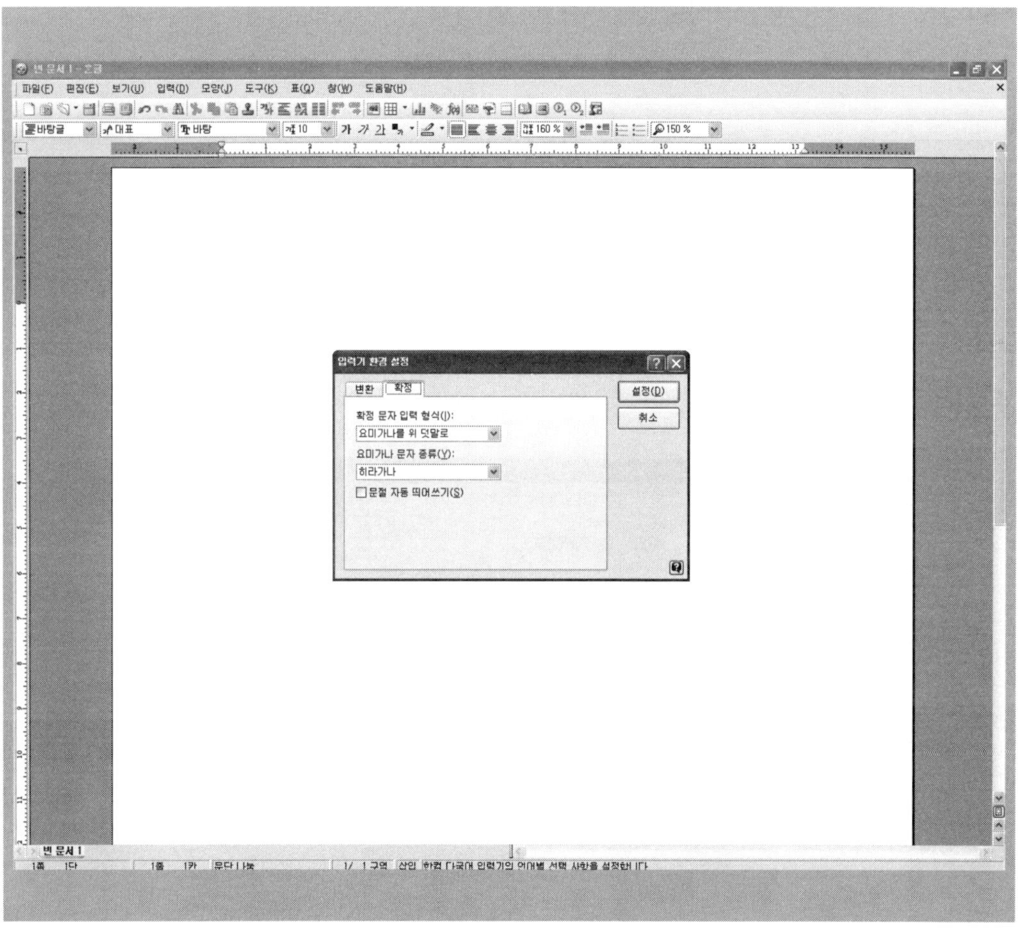

　[확정 문자 입력 형식] 아래 부분의 [요미가나를 위 덧말로] 부분에 마우스포인터를 놓으면 을 클릭하면 아래와 같은 화면이 나타나게 되는데 누르면 아래 화면과 같이 [확정 문자 그대로(덧말없음)], [한자(요미가나)], [요미가나(한자)], [요미가나를 위 덧말로], [요미가나를 아래 덧말로]가 차례대로 나타나게 된다.

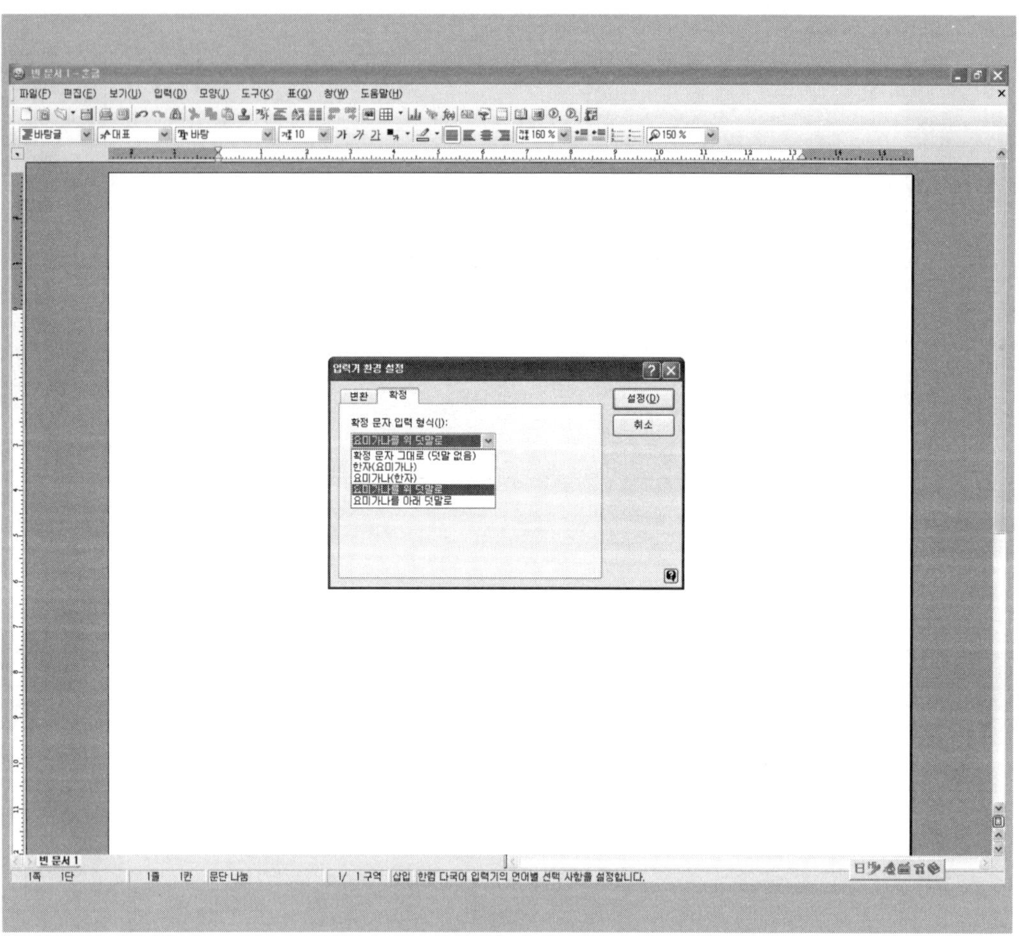

7

[확정 문자 그대로(덧말없음)]을 선택하고 [설정]을 클릭하게 되면, 6장에서 살펴본 바와 같이 가나로 일본어를 입력하고 한자로 변환시켜도 [덧말 넣기]는 실행되지 않으며, 필요에 따라서 [입력], [덧말 넣기]를 클릭해서 개별적으로 덧말을 붙여야만 한다.

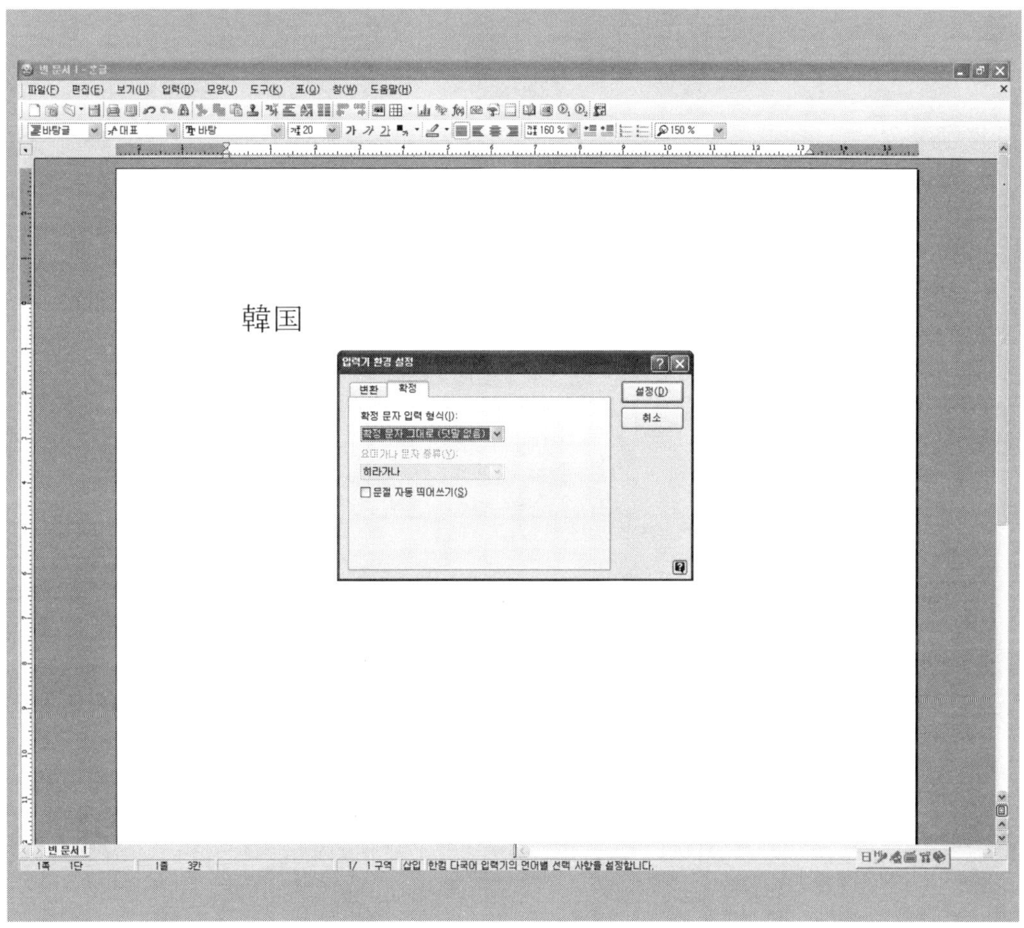

[한자(요미가나)]를 선택하고 [설정]을 클릭하게 되면, 입력한 가나를 한자로 확정했을 때, 한자의 우측 부분에 괄호표기 안에 입력된 가나읽기가 나타나게 된다.

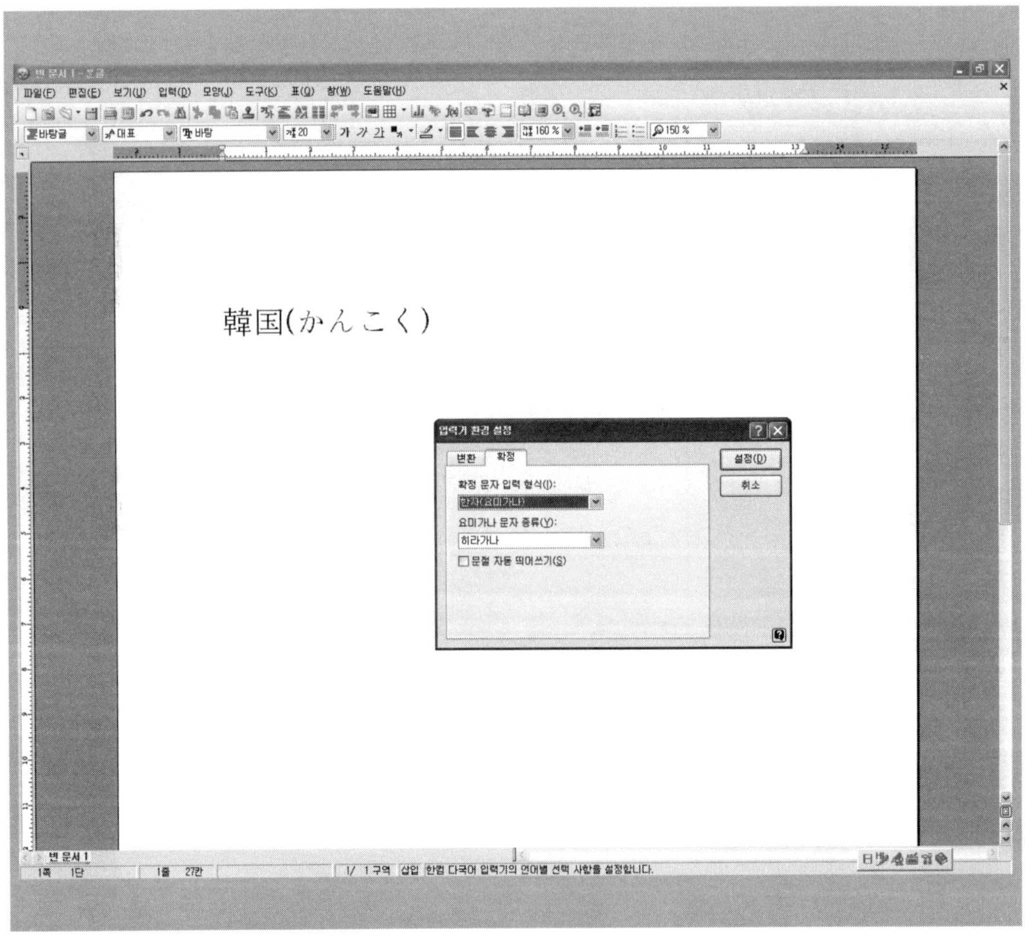

9

[요미가나(한자)]를 선택하고 [설정]을 클릭하게 되면, 입력한 가나를 한자로 확정했을 때, 아래의 그림과 같이 확정한 한자가 요미가나의 우측 부분에 괄호표기 안에 입력된 상태로 나타나게 된다.

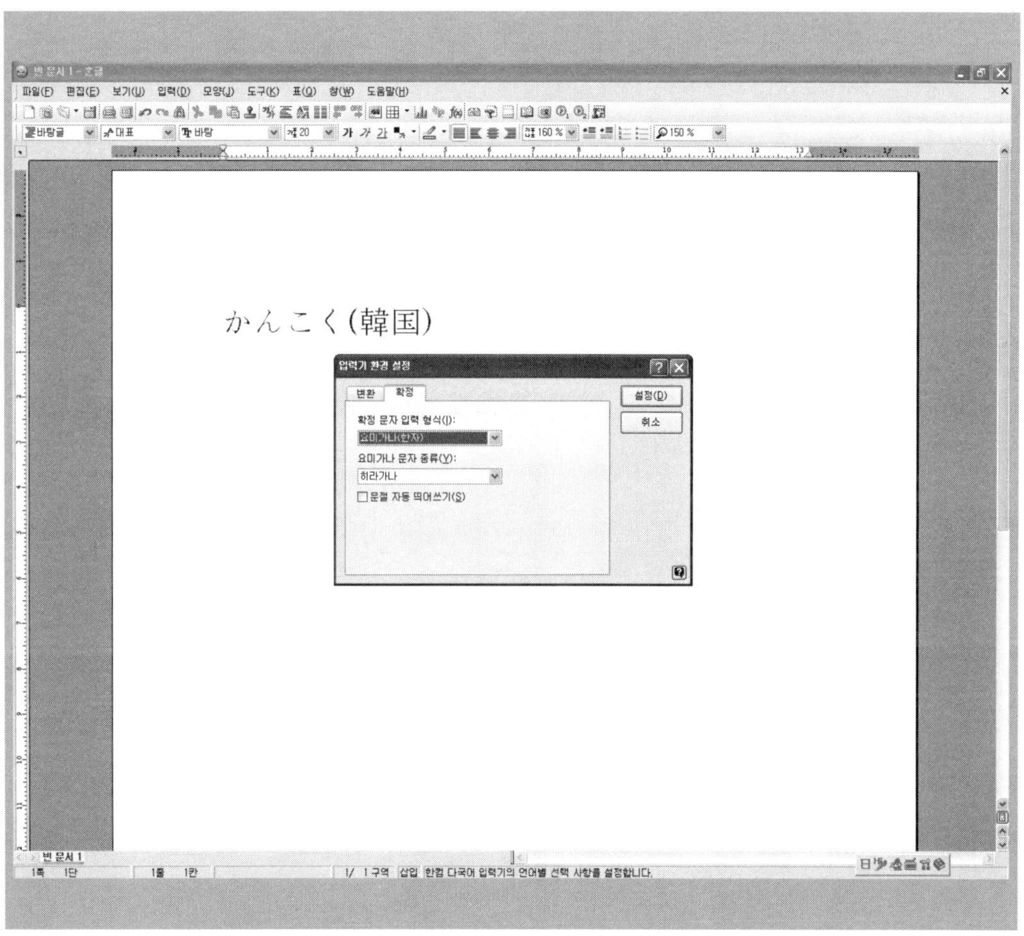

　[요미가나를 위 덧말로]를 선택하고 [설정]을 클릭하게 되면, 입력한 가나를 한자로 확정했을 때, 한자 윗부분에 요미가나가 나타나게 되며, 이 방법이 가장 일반적인 일본어 [덧말넣기] 방식이라고 볼 수 있다.

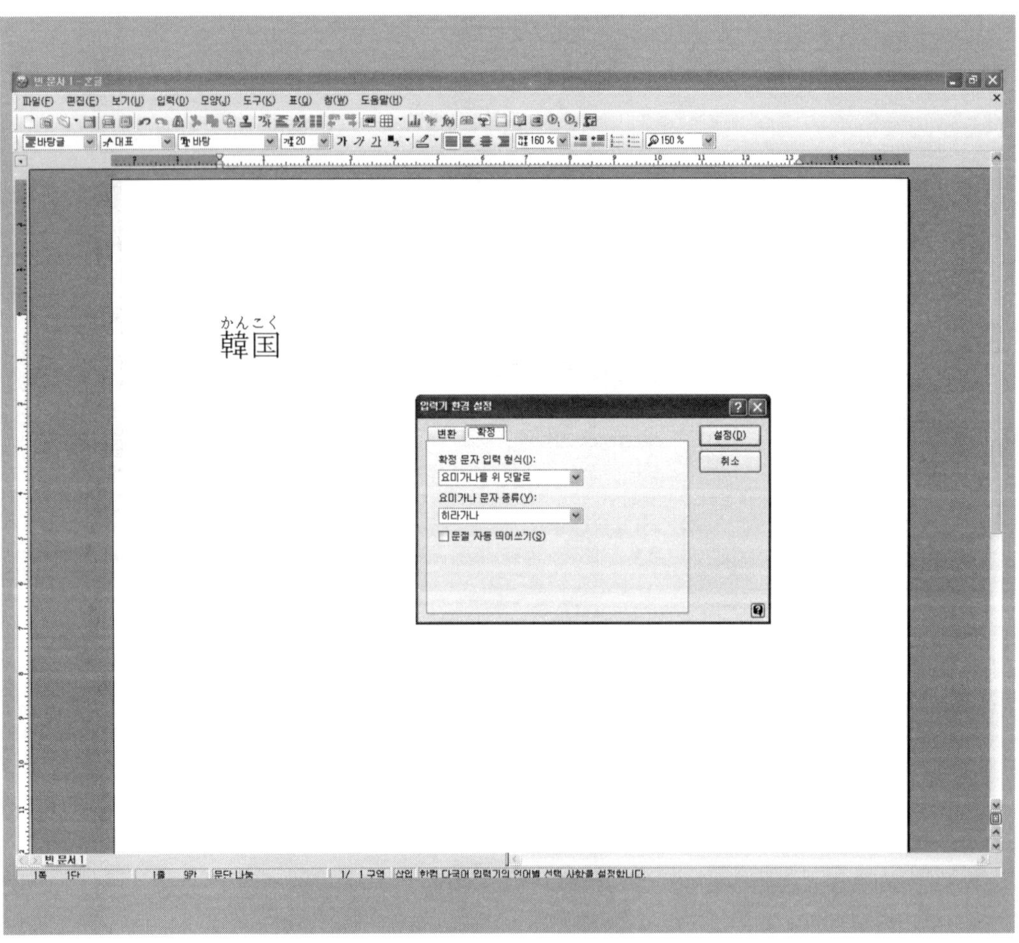

[요미가나를 아래 덧말로]를 선택하고 [설정]을 클릭하게 되면, 입력한 가나를 한자로 확정했을 때, 한자 아래 부분에 요미가나가 나타나게 된다.

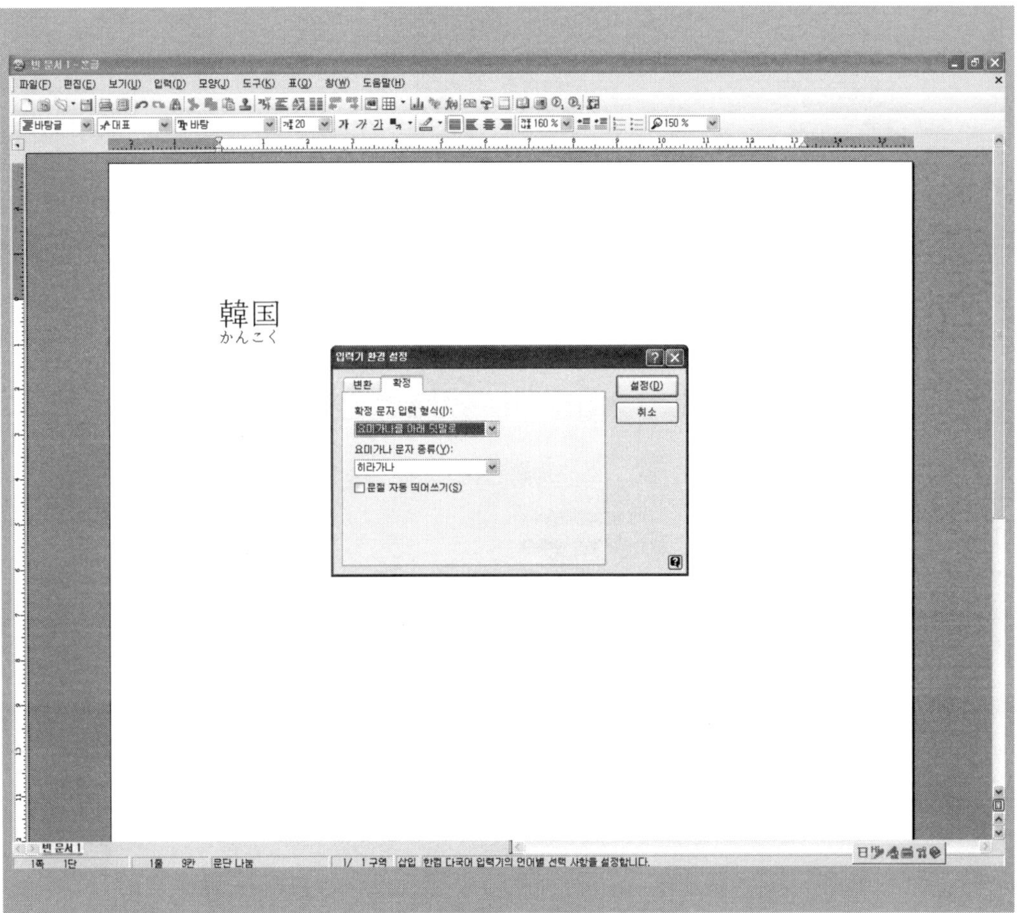

한자를 사용하는 국가의 외국인의 이름이나 강조하고 싶은 한자에 가타카나로 [덧말 넣기]를 하고자 할 때는 [요미가나 문자 종류]에서 [가타카나]를 선택한 후, 설정을 클릭하고 문자를 입력하면 된다.

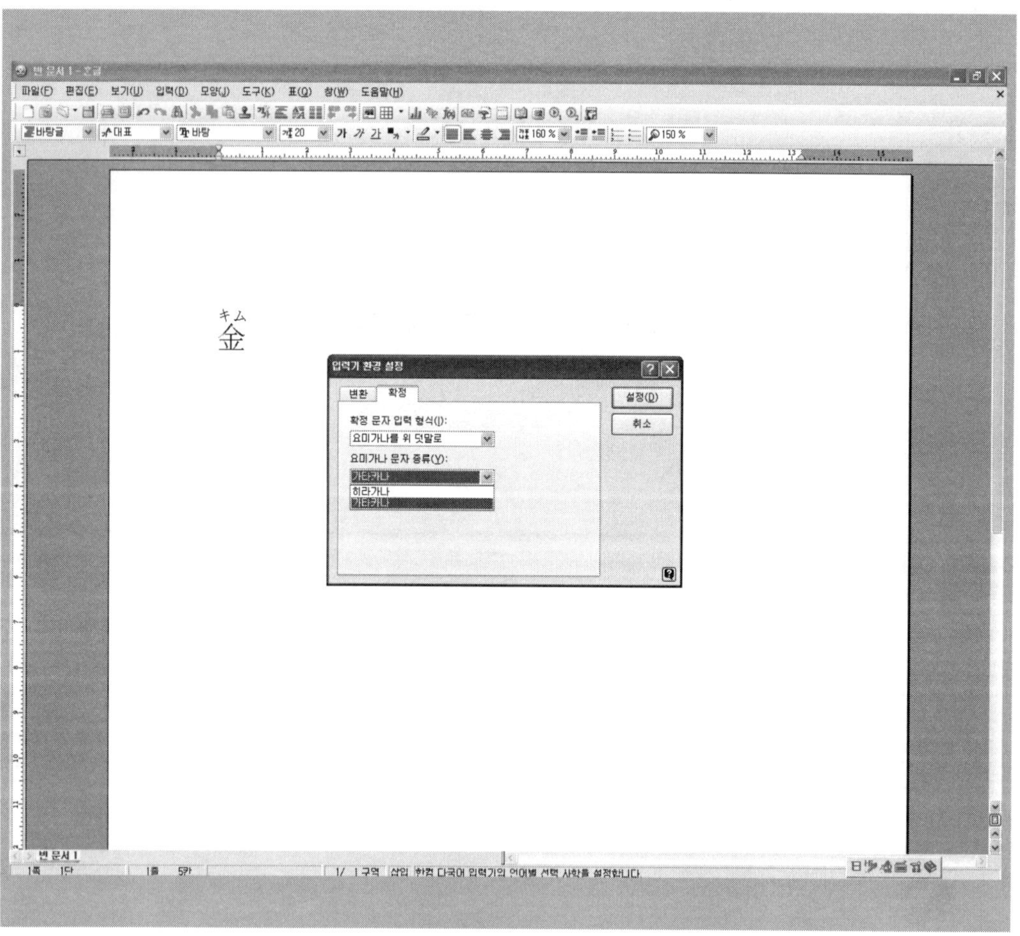

Japan 칼럼

일본인의 성씨

　일본인의 성씨 종류는 적게는 십여만에서 많게는 삼십 여만 개가 존재한다고 합니다. 그렇다면 가장 많은 인구를 지닌 성씨는 무엇일까요. 통계자료에 의하면 1위가 사토(佐藤:さとう), 2위 스즈키(鈴木:すずき), 3위 다카하시(高橋:たかはし), 4위 다나카(田中:たなか), 다음으로 와타나베(渡辺:わたなべ), 이토(伊藤:いとう) 순이라고 합니다. 일본인의 인명은 한자 읽기가 다양하므로 명함을 받은 후, 이름의 발음을 물어보는 것이 실수를 면하는 방법이기도 합니다.

　메이지 유신(1868년) 이후, 일본에서는 평민도 성(姓)의 사용이 허가되었고 1875년에는 호적상의 이유로 전 국민에게 성의 사용이 의무화되었습니다. 여성은 결혼하면 남편의 성으로 바뀌는 게 보통입니다만, 요즈음 들어서 여성 운동가를 중심으로 부부별성제를 법제화하려는 움직임이 일고 있습니다. 한편, 이름을 예로 들면 남성의 경우, 우리나라의 일남이, 이남이, 삼남이 하는 식으로 장남일 때는 타로(太郎:たろう)、차남은 지로(次郎:じろう), 셋째는 사부로(三朗:さぶろう)하는 식의 고전적인 명명이 있기도 합니다. 여성의 경우는 뒤에 ‘子(こ)’가 들어가는 이름이 압도적으로 많지만, 요즈음의 여자 아이의 이름 순위를 보면 1위가 미사키(美咲:みさき), 2위가 아야(彩:あや), 3위 아스카(明日香:あすか)하는 식으로 예쁘고 세련된 어감의 이름이 늘고 있습니다.

MEMO
NOTE

08

알아두면 유용한 한글프로그램 Tip3
- 신명조약자체로 입력하기 -

일본에서 사용되는 한자는 중국이나 한국, 대만에서 사용하는 한자와 약간의 차이가 있다. 따라서 중국의 한자와 현재 일본에서 사용되는 한자는 같은 문자로 보기보다는 일본에서 사용되는 한자는 중국의 한자에서 들여와 일본어의 문자 중의 일부분이 된 일본어라고 생각하는 것이 바람직 할 것이다. 특히, 일본어 교유의 표기 방식의 경우, 각별히 유의해야 하는데, [신명조 약자]체가 일본어를 표기하는데 사용되는 자체이므로 일본어 입력 시에 한자 변환에 각별히 유의해야 한다.

한국어로 [국가]라는 글자를 입력하고 Spacebar 옆의 한자 를 누르면 [한자로 바꾸기]화면이 나타난다. 화면 속의 [한자 목록]중에서 원하는 한자를 선택한 후, [변환]을 누르면 한글표기인 [국가]가 한자표기 [國家]로 바뀌게 된다.

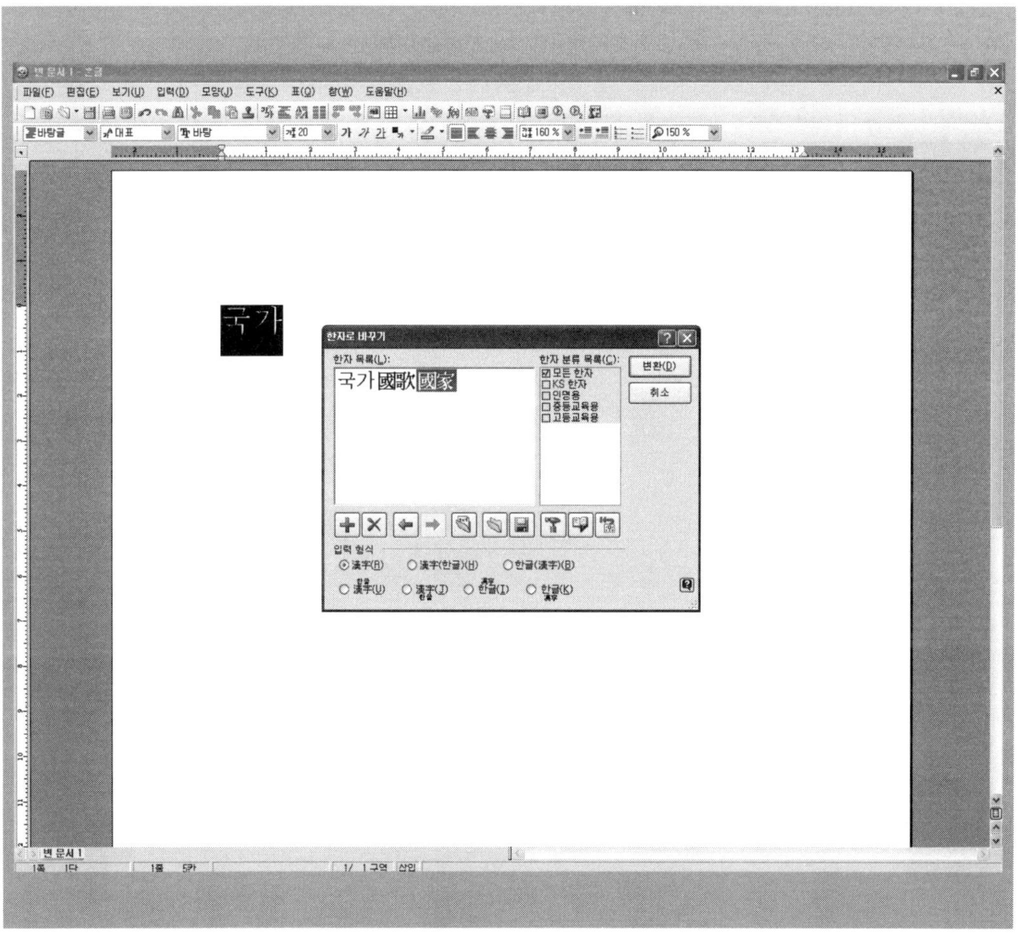

그러나 일본어에서는 한국어의 [국가]의 의미를 갖는 한자로 [國家]가 아닌[国家]를 사용한다. [국]자가 [國]과 [国]로 서로 다르다. 오른 쪽의 [国]자가 일본어에서 사용되는 한자이다. 입력된 [國家]를 일본어 한자인 [国家]로 바꾸려면 [国家]를 블록으로 지정한 후, 글꼴을 [신명조 약자]체로 변경해야만 한다.

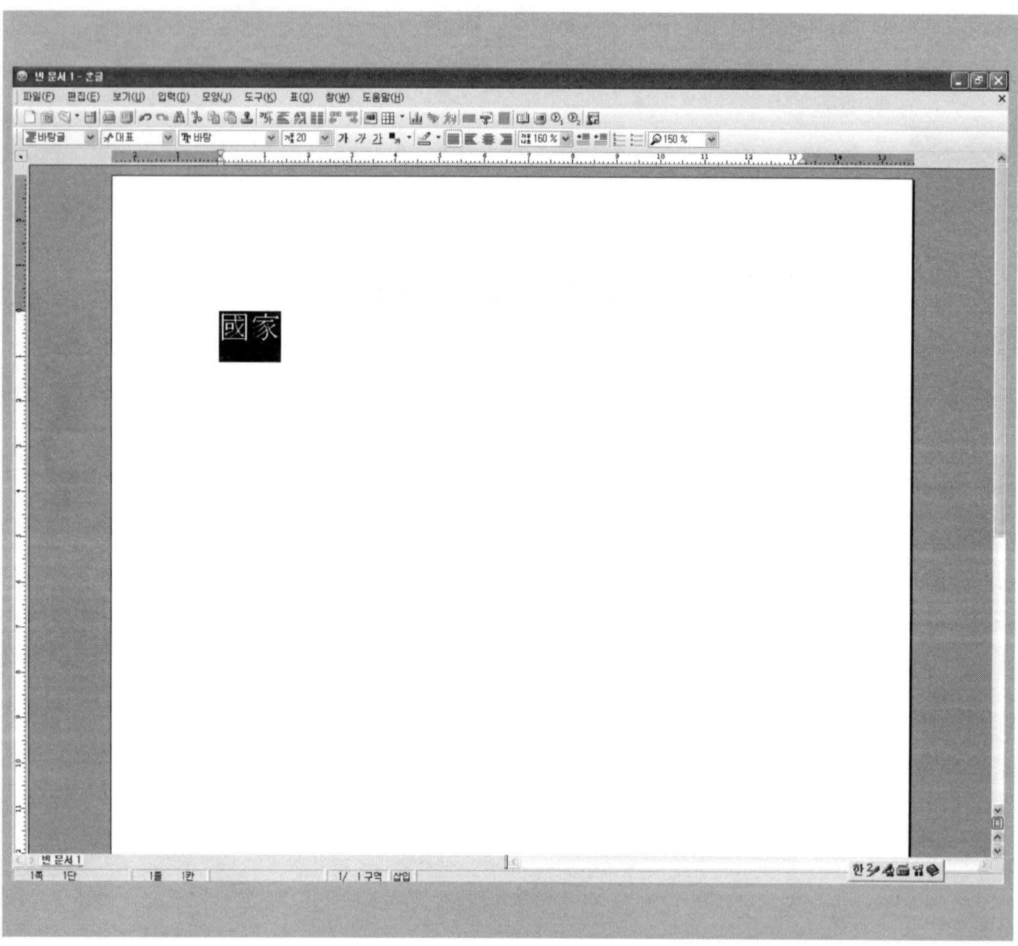

3

글꼴을 [신명조 약자]체로 변경하게 되면, 아래 그림과 같이 [國家]가 일본어 한자인 [国家]로 바뀌게 된다.

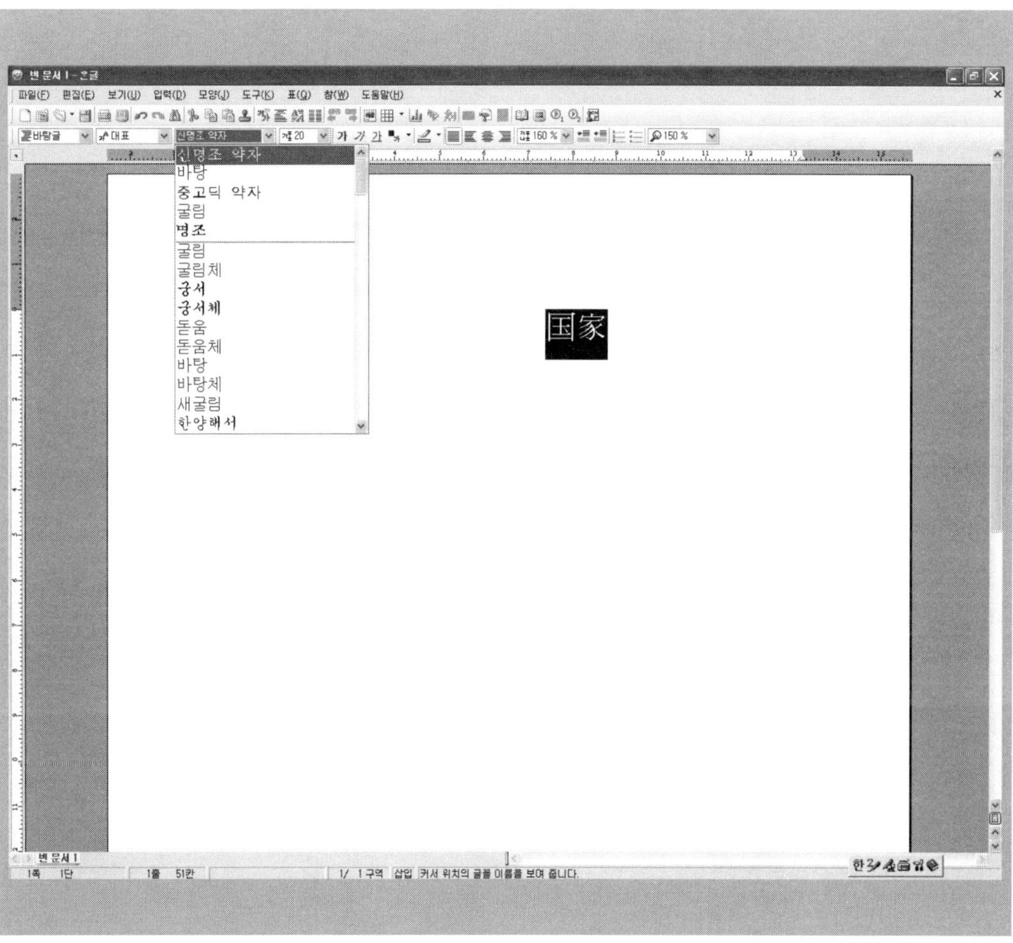

[學校], [音樂] 등의 한자도 글꼴을 [신명조 약자]체로 변경하지 않으면 안 되는 한자이다.

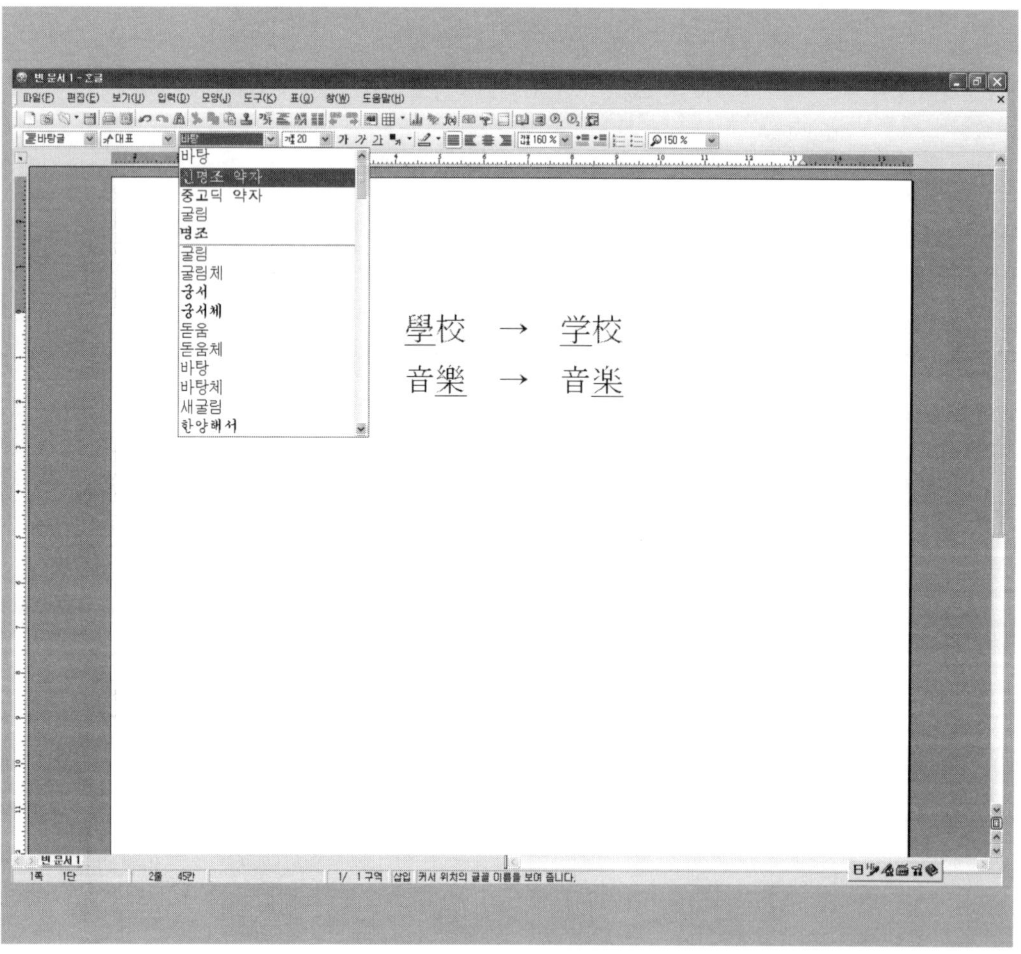

Japan 칼럼

다타미의 크기

　다타미(たたみ)라는 말을 들어보셨지요? 다타미는 일본 가옥에서 전통적으로 사용되는 바닥 재료를 말합니다. 오늘날에도 대부분의 일본 가옥에서는 다타미를 깐 방을 사용하고 있습니다. 다타미는 두꺼운 볏짚을 엮고 바깥쪽에는 부드러운 등심초(골풀)를 덧대어 만듭니다. 다타미 한 장의 크기는 지역마다 조금씩 다릅니다. 예를 들어 교토(京都:きょうと)지역의 다타미는 1.91×0.95미터, 나고야(名古屋:なごや)지역은 1.82×0.91미터, 도쿄(東京:とうきょう) 지역의 다타미는 1.76×0.83미터가 표준으로, 두께는 각 지역 모두 약 6센티미터 정도입니다.

　서양식 방을 포함해서 방의 크기를 말할 때에는 이러한 다다미가 몇 장 깔려 있는가로 계산이 됩니다. 예를 들어 6조방이라면 다타미 여섯 장 정도가 깔린 방, 3조 반이라면 다타미 세 장 반이 깔린 크기로 짐작하는 거지요. 보통 2년에 한 번 꼴이나 그 방에 새 주인이 들어오면 다타미를 교체하는데 다타미를 새로 간 방에서는 한동안 다타미 특유의 풀 향기가 나기도 하지요. 여름에는 마치 돗자리 같은 감각이어서 다타미방은 시원하지만, 한 가지 다타미에 기생하는 다니(だに:진드기의 일종) 때문에 몸이 가려워지기도 하니 다니 퇴치 약은 집안의 상비약이 되어 있기도 합니다.

MEMO
NOTE

09

인터넷상에서 일본어로 정보 검색하기

인터넷상에서 일본어를 입력할 수 있게 되면 검색전문사 이트나 인터넷 포털사이트에 접속하여 일본어나 일본문화 와 관련된 다양한 정보를 얻을 수 있다. 대표적인 웹 사이 트로는 검색전문사이트인 Google(http://www.google.co.jp) 에 접속해서 일본어로 정보를 검색하는 요령에 대해서 알 아보도록 하겠다.

바탕화면의 인터넷아이콘을 더블클릭해서 Microsoft Internet Explorer를 기동시킨다. 그리고 주소창에 http://www.google.co.jp를 입력한 후, Enter 를 누르면 아래의 화면이 나타나게 된다.

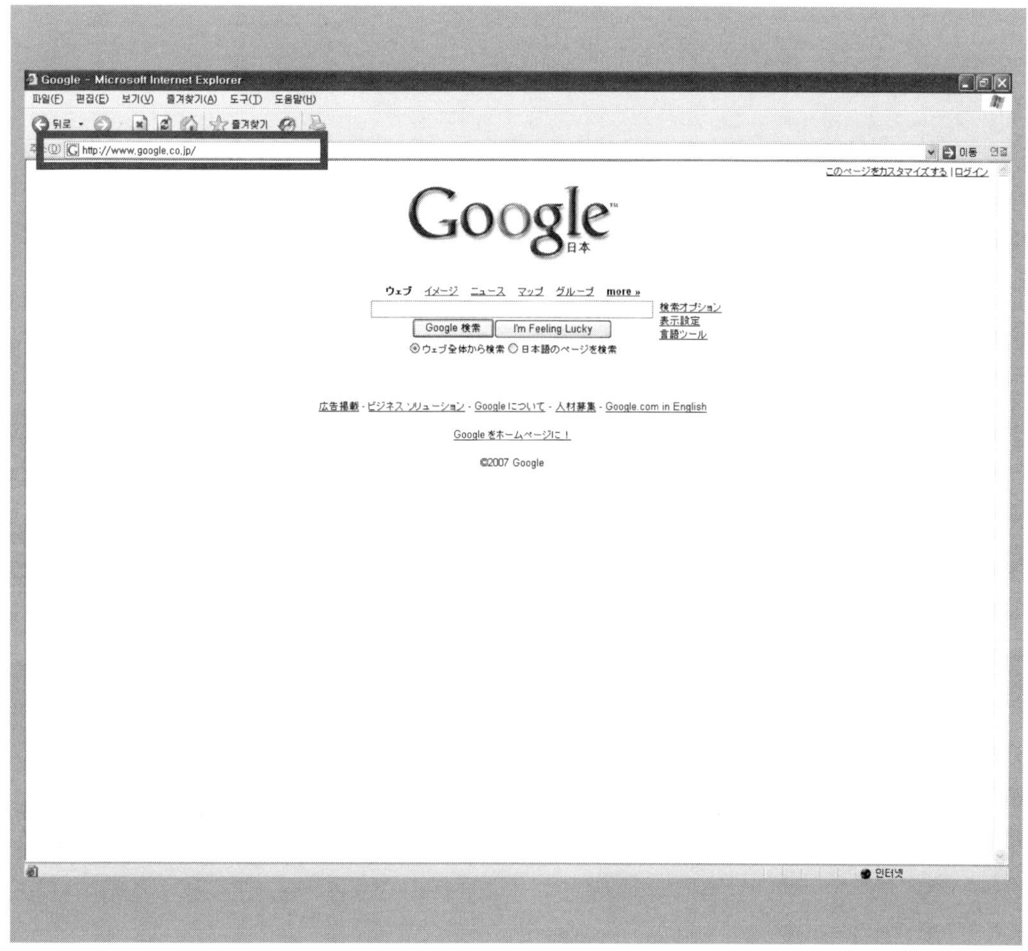

화면 오른쪽 아랫부분의 입력 도구 모음 의 [KO]부분을 누르면 입력 도구 모음이 로 바뀌게 되고 로마자 일본어 입력이 가능하게 된다. 로마자 일본어 입력이 안 될 경우에는 입력 도구 모음 의 [KANA]를 클릭하면 된다.

3

구글(Google) 검색창에 커서를 놓고 키보드로 [hiragana]를 누른 후, Enter 를 클릭하면 검색창에 [ひらがな]가 입력되며, Enter 를 다시 한 번 누르면 [ひらがな]가 포함된 문서가 검색되어 화면에 나타난다. 한자를 입력하여 검색하고자 할 경우에는 [키보드로 로마자 입력]→[Spacebar를 클릭해서 원하는 한자 선택]→[Enter를 클릭해서 한자 확정]의 과정을 거치면 된다.

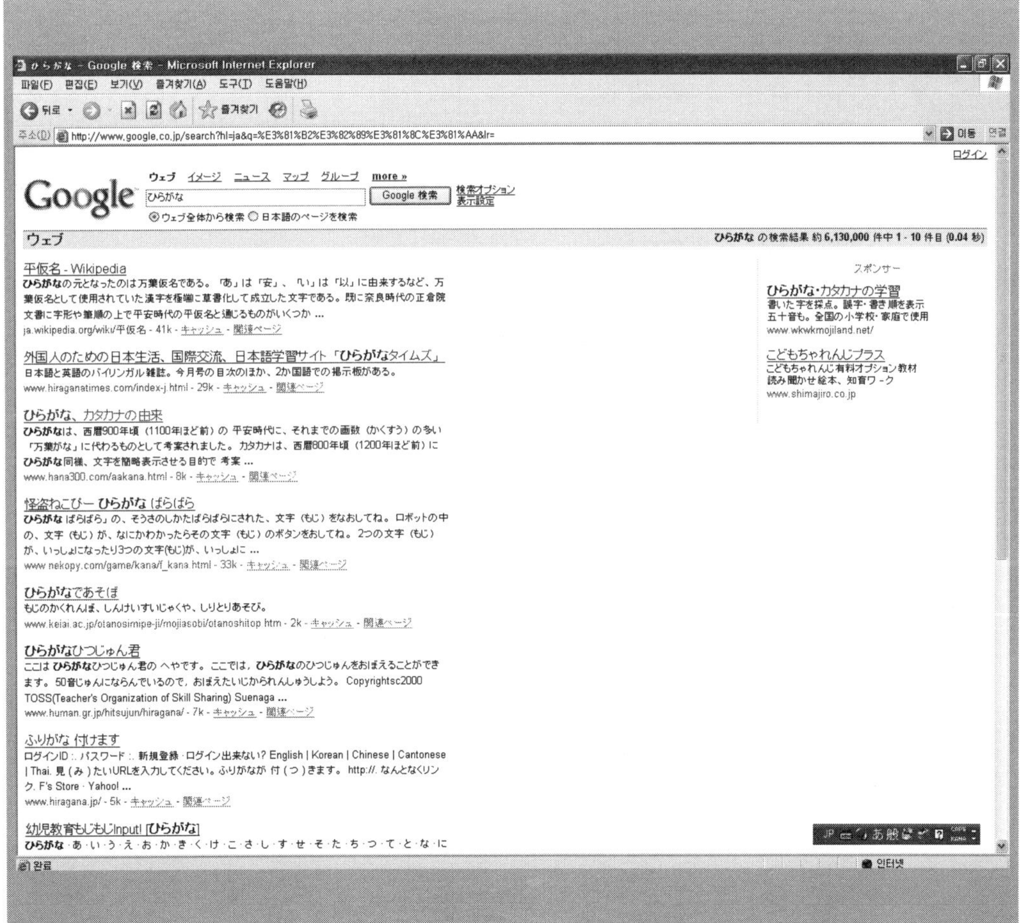

하이퍼링크 표시가 되어 있는 부분을 클릭하면 아래와 같이 입력어가 포함된 문서의
웹페이지로 이동되어 정보를 공유할 수 있다.

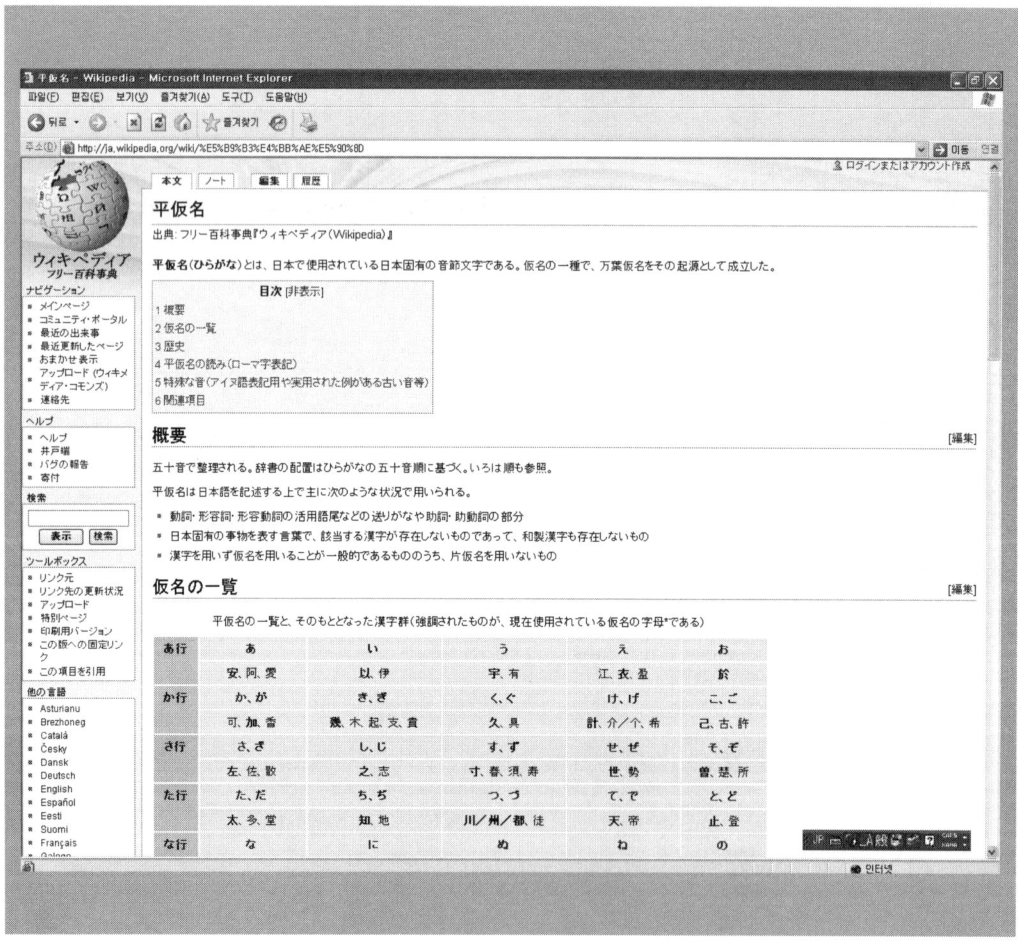

입력어가 문서의 어느 위치에 있는지를 알고자 할 때는, 검색문서의 웹 주소 우측의 [キャッシュ]부분을 클릭하면 되며, [ひらがな]부분이 노란색 형광펜으로 표시되어 화면에 나타난다.

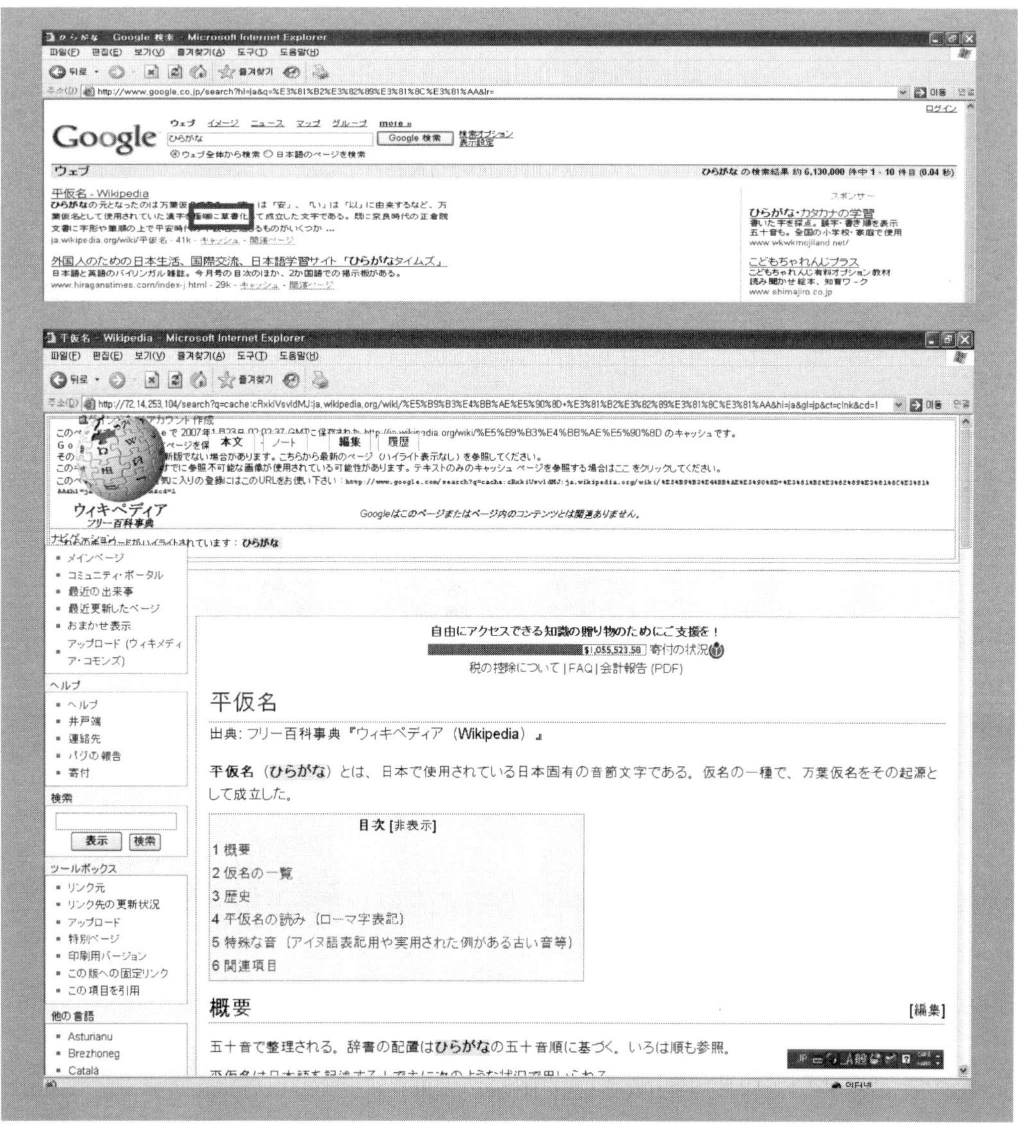

문서가 아닌 이미지나 동영상을 검색하고자 할 경우에는 구글(Google) 검색창 바로 윗부분의 [イメージ]부분을 클릭한 후에 검색창에 검색어를 입력하고 Enter를 클릭하거나 검색창 우측의 [イメージ検索]버튼을 누르면 된다. [相撲(すもう)]를 검색해보면 다음과 같다.

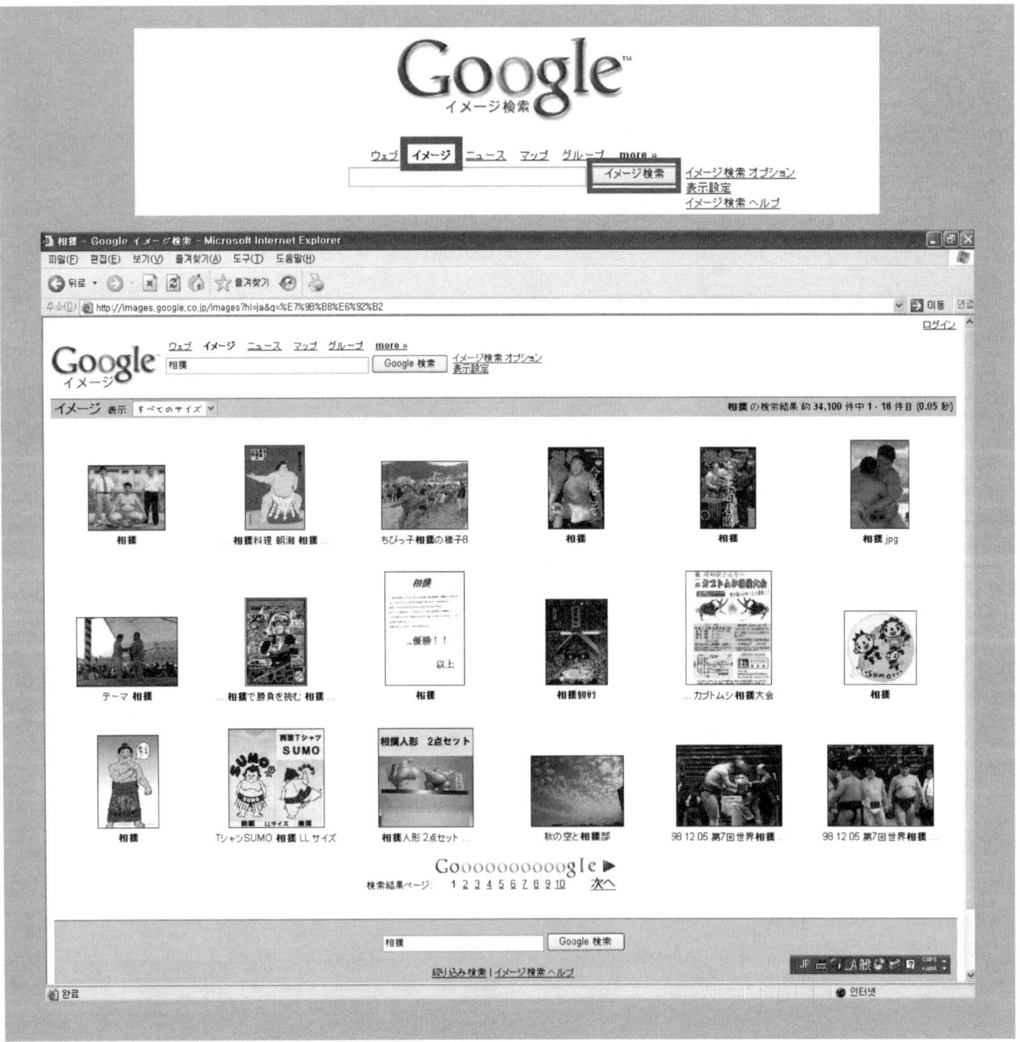

Japan 칼럼

일본의 어린이날

　일본에서 딸을 둔 부모는 3월 3일, 「히나마츠리(ひなまつり)」는 특별한 의미를 지닙니다. 이날 각 가정에서는 고대의 궁궐의상을 입은 「히나닌교(ひな人形)」를 집안에 장식하고 온 가족이 특별한 음식을 먹으며 딸이 건강하게 자라기를 기원하지요. 비단 히나닌교만이 아니라 어머니가 어릴 때 가지고 놀던 인형들을 함께 장식해두기도 합니다.　3월 3일, 인형을 집안에 장식하는 이러한 풍속은 옛날, 재앙을 쫓는데 사용하였던 「종이인형(形代:かたしろ)」과 여자 아이들이 만들어 놀던 종이인형이 합쳐진데서 유래되었다고 합니다.

　한편 5월 5일, 「어린이 날(子供の日)」에는 남자아이를 위한 행사가 열립니다. 즉 남자아이를 둔 가정에서는 종이나 천등으로 커다란 잉어 깃발을 만들어 장대에 높이 매달아 세워두는 거지요. 이를 「고이노보리(こいのぼり)」라고 하는데, 푸른 하늘을 배경으로 바람에 펄럭이는 잉어 깃발은 마치 물속을 힘차게 헤엄치는 잉어의 기상을 연상케 합니다. 이런 풍속에는 아들이 씩씩하게 자라나기를 바라는 부모의 마음이 담겨있다고 할 수 있습니다.

MEMO
NOTE

10

인터넷상에서 일본 뉴스 동영상 보기

인터넷을 이용해서 일본에서 발생하는 다양한 뉴스를 실시간으로 볼 수 있다. 대표적인 웹 사이트인 Yahoo Japan(http://www.yahoo.co.jp)에 접속하여 일본의 민영방송사의 뉴스를 검색하는 방법에 대해서 살펴보자.

바탕화면의 인터넷아이콘을 더블클릭해서 Microsoft Internet Explorer를 기동시킨다. 그리고 주소창에 http://www.yahoo.co.jp를 입력한 후, Enter를 누르면 아래의 화면이 나타나게 된다.

화면 중앙의 목록 중에서 [知る] 우측의 [ニュース]를 클릭한다.

그 날의 뉴스 목록 화면이 나타나면, 화면 윗부분 좌측의 [動画]부분을 클릭한다.

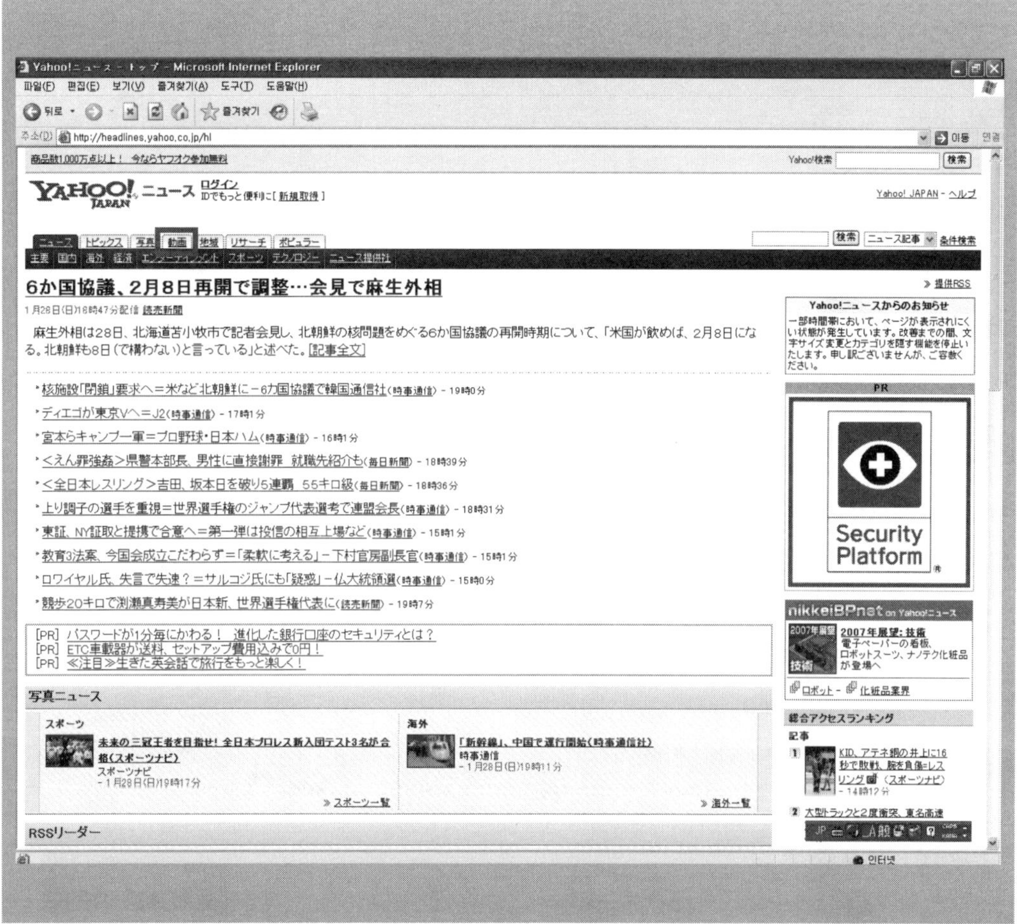

실시간으로 갱신되는 동영상 뉴스 목록이 나타난다. 목록 중에서 보고 싶은 항목에 마우스포인터를 놓고 더블 클릭한다.

5

보고자 하는 뉴스 화면과 함께 뉴스의 내용이 일본어 문서로 나타나면, 뉴스 화면 아래 부분의 [300k]부분을 클릭한다.

[WIndowsMedia Player] 등의 동영상 재생 프로그램이 기동되어 실시간 뉴스를 시청할 수 있다. 뉴스 내용이 수록된 문서 화면과 함께 시청하면, 듣기와 독해를 동시에 학습할 수 있는 장점이 있다.

Japan 칼럼

일본인의 기록 습관

　제 2차 세계대전 중, 일본에 대해서 정보활동을 했던 사람들의 이야기를 들어보면 일본군의 동정을 살피는 일은 다른 어떤 나라의 그것보다 수월했다고 합니다. 왜냐하면 일본군 전사자의 유품이나 전쟁터에 남겨진 유류품 중에는 엄청난 양의 수첩과 병사들의 일기가 발견되어 그 속에서 일본군의 이동이나 편성에 관한 정보를 손쉽게 얻을 수 있었기 때문이지요.

　당시 서양인들의 눈에는 초등학교를 갓 졸업했을 법한 병사들이 힘든 전쟁터에서 그토록 성실히 일기를 썼다는 사실이 그저 놀랍게 비쳐졌을 뿐이라고 합니다. 이는 일본인들의 기록에 관한 습관을 상징적으로 보여주는 일화로, 실제로 일본인들은 공사를 불문하고 기록으로 남기기를 좋아하는 정서를 가지고 있는 듯합니다.

　예를 들면 일본의 돗토리 현(鳥取県:とっとりけん) 호수가 겨울에 결빙 시, 얼음바닥이 갈라지는 현상에 대해서는 1443년 겨울부터 무려 500여년 분이 지금껏 기록 보전되어 있어 오늘날 지구의 온난화에 관한 귀중한 연구 자료로 높이 평가받고 있다고 합니다. 한편, 1989년 일본 국내선 여객기가 추락하는 사고가 일어난 적이 있었는데, 추락한다는 사실을 알고 추락까지 걸린 1분 30초 동안 승객들의 몇몇은 수첩을 꺼내어 유언을 적어둔 사실이 밝혀지기도 했습니다. 이렇듯 자연현상이나 개인의 경험을 객관적으로 관찰기록하는 일본인의 성향은 근대에 들어서면서 대의명분이나 종교적인 교리에 구애받지 않고 서구의 자연과학을 있는 그대로 받아들이는 데에도 유리하게 작용했다고 할 수 있습니다.

MEMO
NOTE

11

알아두면 유익한 일본 관련 웹 사이트 목록

지금까지 살펴본 내용을 충실히 학습했다면, 인터넷상에서 일본어를 입력하는 데는 큰 어려움이 없을 것이다. 11장에서는 인터넷상에서 일본어를 학습할 수 있는 웹 사이트와 일본과 관련한 유익한 웹 사이트를 살펴보도록 하자.

일본어 문자를 처음 공부하는 학습자에게 유익한 사이트이다. 히라가나 문자를 암기하는 데 도움을 준다. 웹 사이트 주소와 메인화면은 다음과 같다.

≪ http://www.keiai.ac.jp/otanosimipe-ji/mojiasobi/otanoshitop.htm ≫

일본어 한자를 학습할 수 있는 유익한 사이트이다. 학습하고자 하는 한자를 클릭하면 해당 한자의 음독과 훈독, 그리고 관련된 숙어까지 학습할 수 있고, 그 악센트까지 청취할 수 있다. 웹 사이트 주소와 메인화면은 다음과 같다.

≪ http://web.mit.edu/jpnet/kanji-project/sites/yookoso/index.html#book1 ≫

일본어 문자(음절, 단어, 문)의 발음과 악센트를 학습할 수 있는 유익한 사이트이다. 원하는 항목과 레벨을 선택한 후에, [かいしボタン]을 클릭하면 연습페이지로 이동한다. 웹 사이트 주소와 메인화면은 다음과 같다.

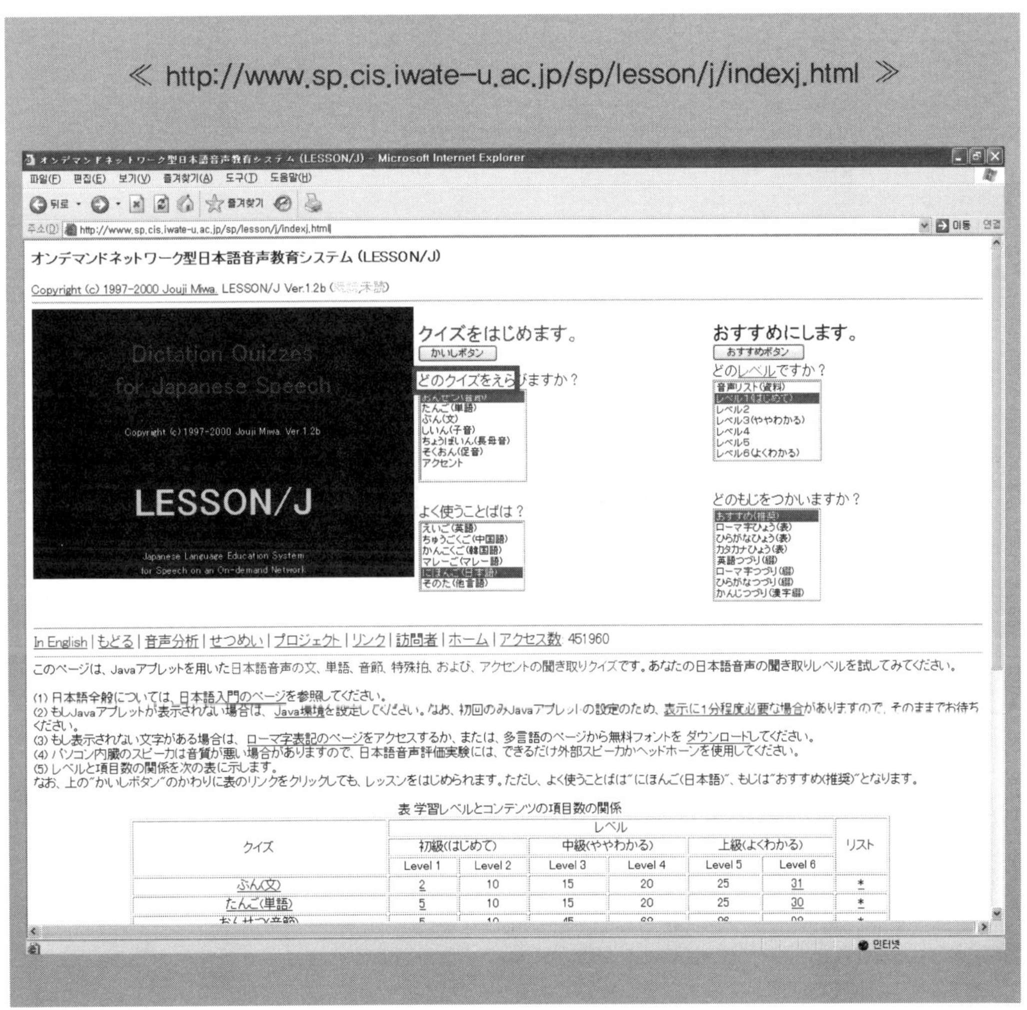

국제음성자모(IPA) 홈페이지 일본어판이다. 전 세계의 다양한 언어의 모음과 자음 등의
발음을 검색하고 실제 발음을 청취할 수 있다. 까다로운 일본어 발음을 반족해서 들어가며
공부할 수 있는 유익한 웹 사이트이다. 웹 사이트 주소와 메인화면은 다음과 같다.

《 http://www.coelang.tufs.ac.jp/ipa/index.htm 》

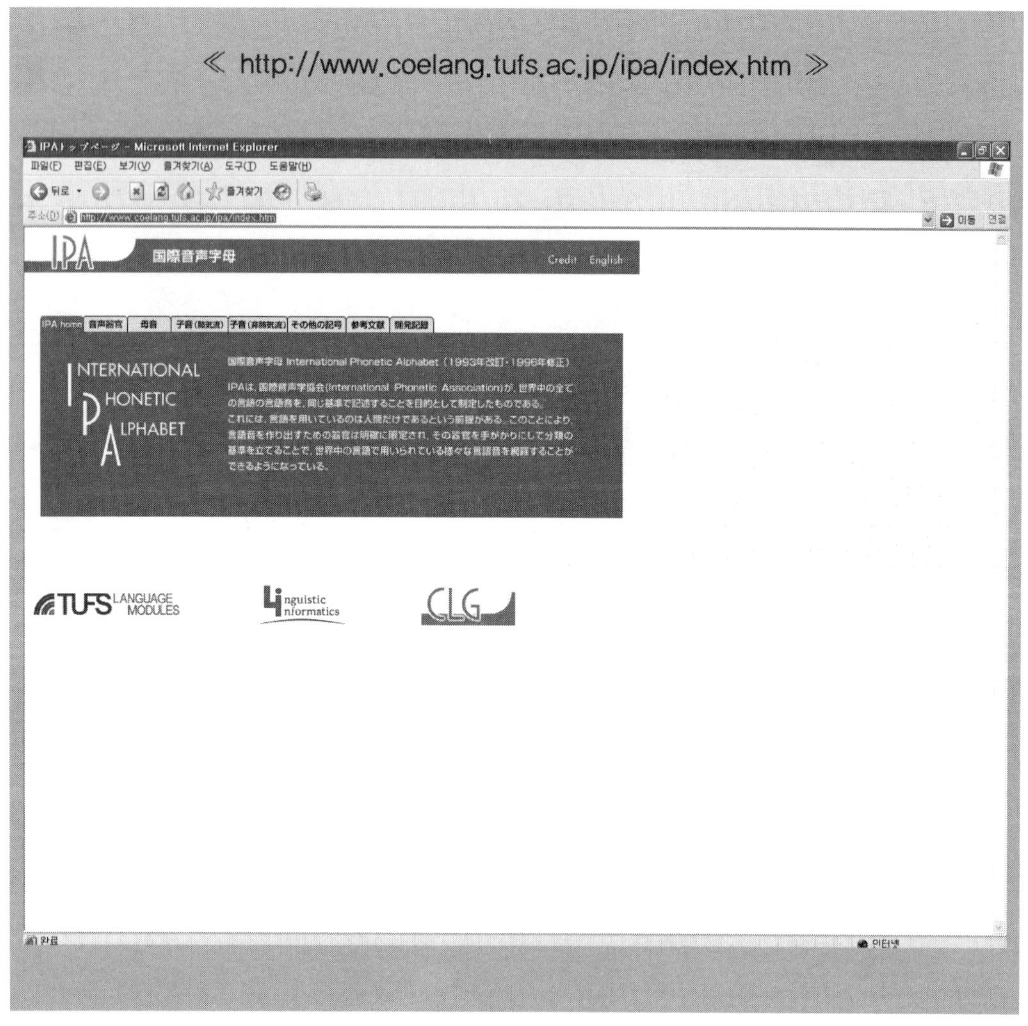

아톰을 그린 만화가로 널리 알려진 手塚治虫(てづかおさむ)의 일대기를 일본어로 듣고 볼 수 있습니다. 일본을 대표하는 문화의 하나로 확고히 자리매김을 하고 있는 애니메이션의 세계를 엿볼 수 있는 유익한 웹 사이트이다. 웹 사이트 주소와 메인화면은 다음과 같다.

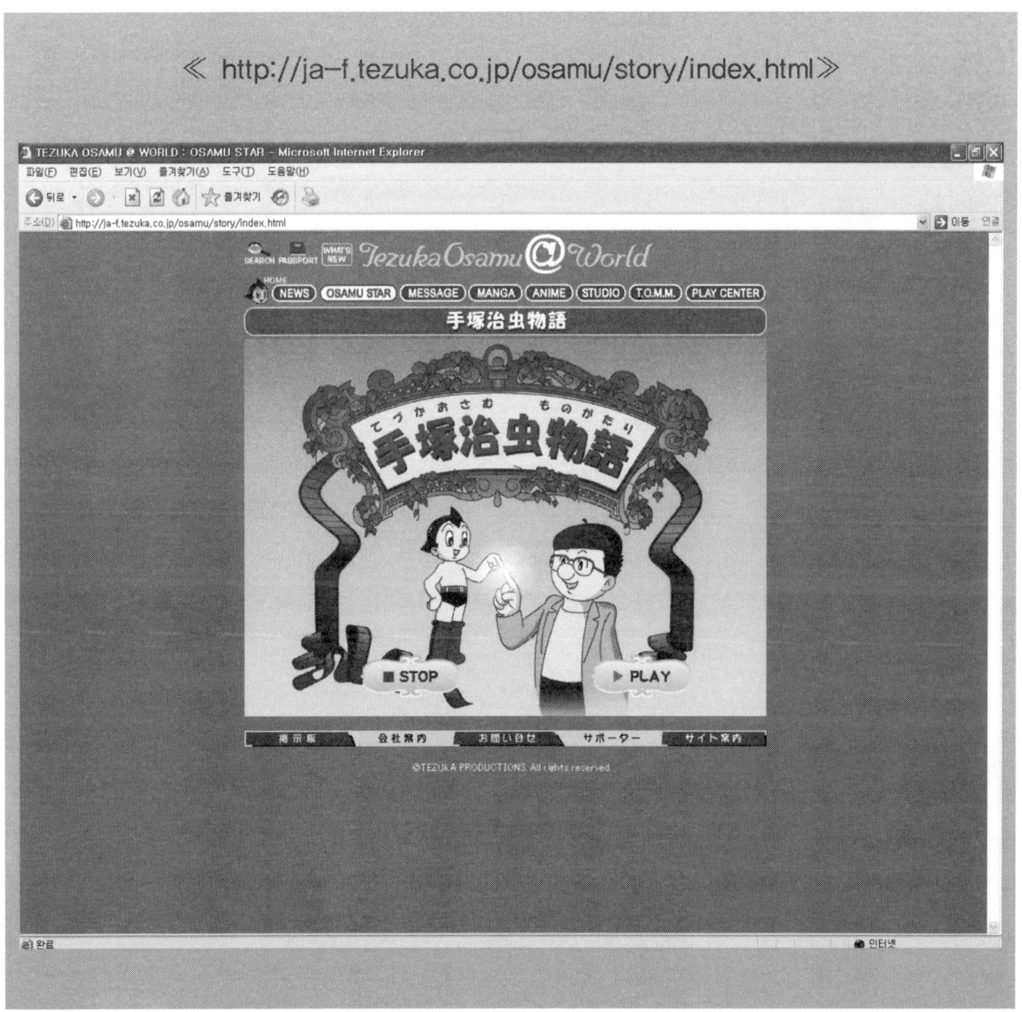

한국인이 여행이나 비즈니스 등으로 자주 찾는 곳 중의 하나가 일본의 수도 도쿄이다. 거대도시 도쿄의 면면을 살펴볼 수 있으며, 도쿄내의 여행정보 검색도 가능하다. 한국어로도 읽을 수 있는 유익한 웹 사이트이다. 웹 사이트 주소와 메인화면은 다음과 같다.

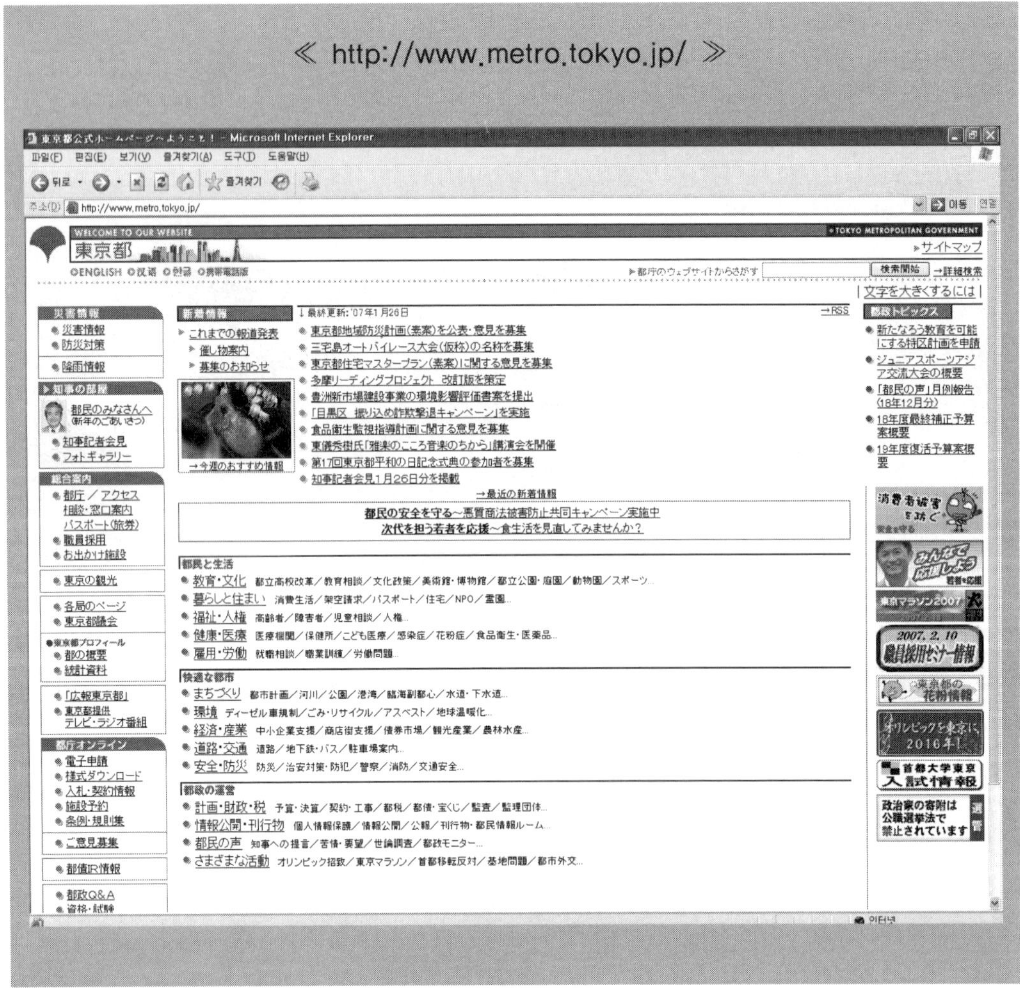

Japan 칼럼

일본의 기후

　일본은 약 4천개의 크고 작은 섬으로 이루어져 있고, 이를 일본열도라고 부르지요. 국토의 총면적은 37만 7829㎢로 세계 7위 규모입니다. 국토가 남북으로 길기 때문에 극단적인 추위와 더위가 공존하고 있습니다.

　수도인 도쿄(東京:とうきょう)의 월간 평균기온은 섭씨15.6도인데 이는 인간이 활동하기에 가장 적합한 기온이라고 해요. 도쿄에서 일 년 중 가장 기온이 높은 달은 8월로 평균 27.1도, 가장 기온이 낮은 달은 1월로 섭씨 5.2도로 한겨울에도 좀처럼 영하로 내려가지는 않아요. 그러니 도쿄에서 눈 구경은 하늘의 별 따기 정도로 어려운 일인 셈이지요.

　하지만 대체로 일본 여름의 더위는 가히 살인적이라고 할 만합니다. 특히 7월 중순에서 8월말까지 동경의 평균 습도는 약 80%나 되어 불쾌지수가 상당히 높지요.

　일본의 연평균 강수량은 약 1600㎜로 세계평균인 750-850㎜의 두 배이며, 보통 남쪽 지방에서는 4000㎜나 되는 곳도 있다고 합니다.

　겨울철 눈이 많이 내리는 곳은 우리나라의 동해에 면해있는 호쿠리쿠(北陸:ほくりく)지방으로 그 중에서 니가타현(新潟県:にいがたけん)의 조에츠(上越:じょうえつ)시에서는 1945년 2월 26일, 377㎝나 눈이 내린 기록을 가지고 있습니다. 참고로 니가타현은 일본의 노벨문학상 수상자인 가와바타 야스나리(川端康成:かわばたやすなり)의 소설 설국(雪国:ゆきぐに)의 배경이 된 고장입니다. 한국에서도 상영된 러브레터(ラブレター)나 철도원(ぽっぽや)같은 일본영화는 그야말로 설국(雪国:ゆきぐに)으로서의 일본 정취를 영상에 담아낸 작품이라고 할 수 있습니다.

■ 저자약력

이용미(李龍美)
한국외국어대학교 일본어과 졸업
일본 추오대학(中央大学) 대학원(문학박사)
현, 명지전문대학 일본어과 교수

남득현(南得鉉)
명지대학교 일본문예학과 졸업
일본 히로시마대학(広島大学) 대학원(문학박사)
현, 명지전문대학 일본어과 교수

일본어초보자를 위한 인터넷 일본어 Tip

초판인쇄 2007년 8월 14일
초판발행 2007년 8월 24일

저   자 이용미 · 남득현
발 행 처 제이앤씨
등   록 제7-220호

132-040
서울시 도봉구 창동 624-1 현대홈시티 102-1206
TEL (02)992-3253(代)   │ FAX (02)991-1285
e-mail jncbook@hanmail.net │ URL http://www.jncbook.co.kr

ISBN 978-89-5668-471-0 03730   정가 8,000원